华夏文库·佛教书系

丝路佛风

西域佛教史

熊江宁 著

大地传媒 中州古籍出版社

《华夏文库》发凡

毫无疑问，每一个时代都有属于自己时代的精神追求、文化叩问与出版理想。我们不禁要问，在21世纪初叶，在全球文明交融的今天，在信息文明的发轫初期，作为中国出版人，我们正在或者将要追求什么？我们能够成就或奉献什么？我们以何种方式参与全球化时代的文化传播进程？在一连串的追问下，于是，有了这套《华夏文库》的出版。

自信才能交融。世界各大文明在坚守自身文化个性的同时，不约而同地加快了探视其他文化精神内涵的步伐，世界不同文明正在朝着了解、交流、碰撞、借鉴与融合的方向前进。在此背景下，建立自身的文化自信，正是与世界各文明民族进行文化交流的基本要求。五千年中华文明与文化正在不断地被其他文明所发现、所挖掘、所认知，汉语言正在生长为世界语言，儒文化正在世界各地生根发芽。

借助这样一种正在成长着的文化自信、自觉、开放、亲和之力，用我们这个时代的学术眼光全面系统梳理中华五千年的文明与文化，向其他各大文明与文化圈正面展示自我，让中华优秀文化成为世界文化的重要组成部分，正是我们出版这套文库的目的之一。此其一。

知己才能知彼。身处五千年文化浸润的今天，重新审视我们先人的人生思考、价值思考与哲学思考，找到一个民族、一个国家的价值所在、立命所在、安身所在，这已经是我们这个时代的学人与出版人不得不再思考的问题。作为中华文明的一分子，我们在思考的同时，还必须了解我们的先人创造了如何优秀的精神文明与物质文明以及社会文明。只有熟知自己的文化，热爱自己的文化，悟明自己的文化，我们才能宣说自己、弘扬自己、光大自己。因此，我们策划组织这套《华夏文库》的初衷，还在于让当下的知识青年全面系统瞭望中华文明与文化的全景，并借此能够对更为深广的世界各民族文化提供一个比较认知的基础。此其二。

顺势才能有为。我们正处在农耕文明、工业文明、信息文明的交汇处，信息文明带领我们从读纸时代进入读屏时代，以智能手机屏幕为代表的书籍呈现方式正在与纸质书籍争夺阅读时间与空间。我们正在领悟数字技术，正在以信息文明的视角，去整理、分析和研究农耕文明与工业文明的文化遗产，不仅仅是为了唤醒优秀的传统文化，我们还在生发和原创着当今时代的文化。由此，我们试图架起一座桥梁——由纸质呈现而数字呈现，由数字呈现而纸质呈现，以多媒介的书籍呈现方式，将文字、图像、声音与视频四者结合，共同筑成《华夏文库》以奉献给信息文明时代的新读者。此其三。

总之，这是一套——专家大家名家写小书；以最小的阅读单元，原创撰写中华精神文明、物质文明与社会文明系列主题与专题；以图文、声视频多媒介呈现的方式，全面介绍与传播中华文明与优秀文化，系统普及与推介中华文明与文化知识；主旨是为了让世界与中国共同了解中国的——大型丛书，借此，复兴文化，唤起精神，融入世界。

耿相新

2013年6月27日

目 录

小知识目录

一 塞外漫道真如铁

——地区概述

我国西域地区处在独特的地理位置上，是连接我国和印度的重要桥梁。诸国并立的西域很早就有文明产生，佛教经由这条长廊传播到了中国内地，同时也对西域诸国产生了深远影响。

1. 诸国曾并起

——西域地区

在中国历史上，西域地区地理情况复杂、国家众多，并且国家的疆域范围与名称不断变化。西域和中国内地的联系自古就非常密切，在张骞通西域之后，交流和往来更是日益频繁起来。

地理位置

“西域”是一片具有特殊地理意义的区域的名称，对于西域佛教的研究，首先要从明确西域的地理位置开始。

“西域”一词，有广义与狭义的两种概念。通常来说，狭义的西域是指玉门关、阳关以西，葱岭（今帕米尔高原）以东，巴尔喀什湖以东、以南及新疆广大地区。从更为狭义的角度来说，人们所说的西域就是特指现在的新疆地区。

而广义的西域范围则大得多，凡是通过狭义的西域所能到达的地区都包括在内，囊括了中国西部，亚洲中、西部，印度半岛等地区。此外，藏文中将西域称为“黎域”，特指于阗，即今天新疆的和田市。

而从佛教史的角度来说，西域可以包括佛教从印度兴起后，由陆路东传中国所经过的地区，不仅有新疆地区，甚至还有阿富汗的一部分和波斯北部等地区。这些都是曾经深受佛教影响的地区，也可以划入西域佛教影响的范围。

西域诸国

在公元前 5 世纪左右，西域地区逐渐开始发展，形成了许多国家。据记载，汉朝时候西域地区已经分布有 30 余个国家，因此有“西域三十六国”的说法。在这 30 余国中，一部分是游牧部落，另一部分是“城郭之国”。

新疆若羌县楼兰古城的残墙断壁与房架

据《史记·大宛列传》和《汉书·西域传》记载，早在 2 世纪以前，楼兰就是西域一个著名的“城郭之国”

东汉半袖绮衣

新疆维吾尔自治区楼兰古城北墓葬出土

西域诸国以天山为界，分为南北两部，主要分布在塔里木盆地、吐鲁番盆地以及以北准噶尔盆地的边缘。在塔里木盆地西南、葱岭一带有蒲犁、无雷等国，在盆地的东端还有楼兰国，后称鄯善。

西域诸国的民众大多利用高地上融化的水在绿洲中生活，塔里木河与罗布泊是西域地区的主要农业、生活水源。该区域的国家兴亡与水有着密不可分的联系，楼兰就有可能是由于河流改道与罗布泊的迁移而灭亡的。

东汉末年，西域地区的国家不断分裂和互相兼并，到晋朝初年形成了鄯善、车师等几个大国并起的局面。到南北朝时期，西域局势再度变化，高昌国相继击败西域其他国家，建立起了地跨新疆大部的强国。之后，吐蕃人占领西域大部，实际上对西域进行统治。吐蕃退出西域之后，回鹘人建立的高昌回鹘和敦煌沙洲政权成为当地占主导地位的势力。

由于地理上的因素，西域地区国家的兴衰容易受到气候变化的影响。11 世纪以来，东亚全境气候逐渐变冷，西域当地气候也受到很大的影响，原本经过该地的商贸往来更乐意通过南方丝绸之路来进行，使得西域贸易逐渐减少，各国也因此衰落。

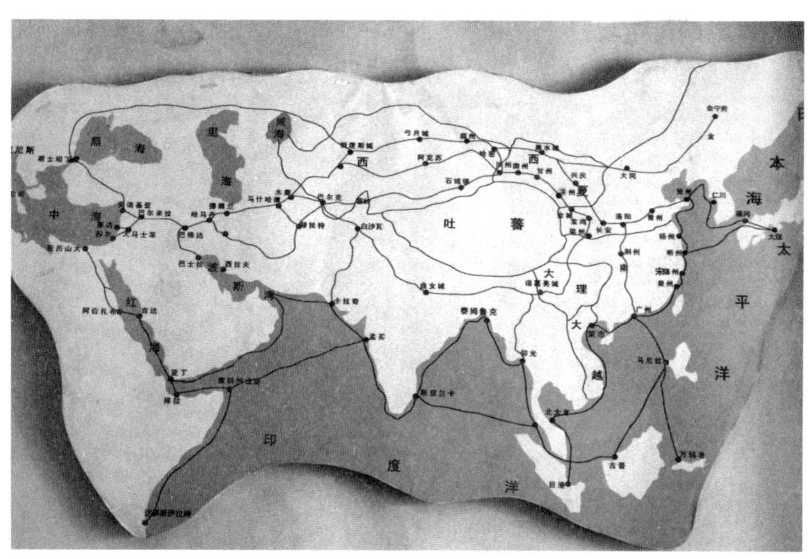

丝绸之路示意图

这幅展示于宁夏银川西夏王陵博物馆的丝绸之路示意图，清晰地展示了古代丝绸之路的线路、所经地域以及影响所及的地区

新疆塔什库尔干石头城

汉代时，这里是西域三十六国之一的蒲犁国的王城

行政区划

在张骞打通内地与西域的联系之前，匈奴一直是支配西域各国的势力。为了确保西域通道的畅通，西汉政府在西域地区与匈奴进行了一系列的战争。西域从汉武帝刘彻时起开始属于汉朝，汉朝在西域建立了西域都护府，对西域诸国进行管辖。

西域都护府这一管理形式以及相关政策，因为有效地保证了西域各地民族关系的良性发展，而成为后代中央王朝统治者仿效或沿用的管理制度。十六国后凉吕光在统一西域后，曾仿效汉代，设置西域大都护，行使主权。唐玄宗开元年间曾设立碛西节度使，统辖安西、北庭两大都护府，自此新疆地区成为唐朝的一部分。安史之乱后，唐朝

张骞墓

在陕西省城固县，坐北朝南，东西宽 15 米，南北长 15 米，高 8 米，呈覆斗形，周围有古柏环绕，墓前有石碑四通、汉代石虎一对。大门前竖由座、柱、斗三部分组成，高 8 米的石华表一对

无力控制西域，西域再次出现半独立政权。直到元朝、明朝以及清朝乾隆时期，中央政府再次控制了西域地区，清乾隆皇帝将此地区改名为新疆，从此新疆成为中国的行政区划之一。

小知识◎楼兰消失之谜

楼兰是西域三十六国之一，作为南北两条丝绸之路的交会点，楼兰曾经是西域古国中的一大强国。楼兰地处罗布泊的西北角、孔雀河道南岸，罗布泊曾经是中国西北干旱地区最大的湖泊。游牧民族多是逐水草而居，楼兰人在公元前后活跃了几个世纪，他们在罗布泊边筑造了10多万平方米的楼兰城，但是到公元500年左右，楼兰古城却从中国史册上消失了，再也没有关于这块土地和土地上遗民的只言片语。直到20世纪，人们在考古活动中发现了楼兰遗址，才证明楼兰古国在西域真实地存在过。对于楼兰国消失的原因，有多种说法，包括自然原因与人为因素，比如河水干涸、土地盐碱化、瘟疫肆虐、丝绸之路改道、异族入侵等说法，至今仍没有定论。

◎张骞通西域

在我国历史上，张骞出使西域，对于加强两地之间的联系和丝绸之路的开通起到了重要作用。汉武帝对匈奴用兵时，曾于建元三年（前138）派张骞出使西域联络西域诸国之一的大月氏，共同对付匈奴。虽然没能与大月氏结盟，但张骞获得了大量的西域资料，使西汉政府增加了对西域的了解。之后，到元狩四年（前119），汉武帝再度派张骞出使西域，虽然仍未达到结盟目的，但张骞派出的各位副使，访问了大宛、康居、大月氏、安息、大夏等国。这些国家都派出使者入汉答谢，使西汉与西域诸国的联系更加密切。从此，西汉同西域的交流频繁起来。

2. 风物自不同
——西域文明

对于内地来说，西域是一片神秘的土地，可考的西域文明开始于公元前 2000 年，并且得到持续的发展。大约在内地的汉唐时期，西域文明繁荣兴盛起来。张骞通西域以后，位于欧亚大陆中心的西域成为丝绸之路的重要组成部分，对于东西方国家的贸易、文化交流起到了中转站的重要作用。

西域地区的国家和民族众多，这些国家语言不一，习俗各异，互不统属，人口少则几百，多则数万，一般为几千人到两三万人。它们多以城郭为中心，居民多从事农牧业。少数国家逐水草而居，单纯从事畜牧业，以畜产品等与邻国交换粮食等农产品及其他物品。有些国家生产力水平有相当的发展，已经掌握了冶铁技术。

随着“丝绸之路”的空前兴盛，形形色色的文化艺术和思想东渐西传，在这里交汇融合。西域不仅是古代东西交通和经济文化交流的枢纽，也是佛教最早传播的地区之一。佛教从约公元前后传入西域地区，至 15 世纪衰败，在长达 1400 多年的漫长岁月中，经历了传入、发

商人遇盗图

出自敦煌莫高窟第45窟壁画，是“观音经普门品”变相图的一部分。图中手持长矛、着汉服者为强盗，戴胡人帽者为商人。本图反映了唐代西域通商路上的艰难险阻

展乃至没落的过程，对西域的政治、经济、军事、文化等各领域都产生过巨大的影响。

由于西域地区的特点，西域佛教也具有自身的特点：

第一，西域佛教所指的地域范围并不是固定的，而是与不同的国家和民族相连。西域民族众多，不同的民族之间互相征战、分裂与变迁，其佛教发展脉络梳理起来十分复杂。古代西域诸国中，很多国家与佛教关系密切，葱岭以西的月氏、安息、康居、犍陀罗等地区已经超出了中国领土的范围，而葱岭以东的于阗、龟兹、疏勒、高昌等今天归属新疆的地区，都是西域佛教传播的重要区域。此外，连接内地与西

域广大地区的咽喉之地敦煌与河西走廊一带，也可以归入西域佛教的范围。

第二，西域佛教的时间发展脉络，与内地的朝代发展相重合。在不同的时期，西域诸国的名称和活动范围也处于变动之中。对于西域国家来说，其佛教的兴衰与该国的兴亡紧密相连，受到政治和军事等方面的极大影响。而处在同一个时间链条上的，不同国家的佛教发展也呈现出不同的特点，存在着交叉。从历史时期来说：公元前后佛教进入西域，3 ~ 6 世纪，佛教传播于西域诸地。魏晋南北朝时期，佛教在西域得到极大繁荣，高僧辈出，各派争鸣，寺院十分兴盛。隋唐

西域人物雕像

出自北京元大都城垣遗址公园

五代时期，中央政府积极拓边，一度分散的西域趋于统一，并加强了与中原的联系。这一时期西域社会稳定，经济和文化得到长足发展，与此相应，西域佛教保持了很长一段时间的繁荣，出现了信徒众多、寺院广布和规模宏大的局面。到 15 ~ 16 世纪，由于伊斯兰教的兴起和其他复杂的社会原因，佛教在西域逐渐衰落。

第三，从西域佛教的传播来说，由于西域与印度接近，受到印度和邻近地区的佛教影响，很多高僧通过西域来到内地传法，也有不少佛教徒通过西域前往印度求法，这种输入和求取的过程，使得西域佛教呈现出了独有的融合和碰撞的特点，西域的艺术和文化也因此具有中西合璧的特色。

第四，从宗教文化的角度来说，世界上比较重要的宗教几乎都在西域流行过，最早是原始宗教，并发展为其高级形式萨满教，后来相继又有祆教、道教、摩尼教、景教。因此，西域佛教在发展过程中也不断地与其他宗教发生摩擦、融合，形成此消彼长的共存与斗争状态，使得西域地区的佛教呈现出一种格外错综复杂的状态，而要了解西域佛教，也需要对这些宗教有一定的了解。

综上所述，与内地和藏地的佛教发展相比，西域佛教具有自己的特点，是中国佛教史的重要组成部分。

小知识◎萨满教

萨满教是在原始信仰基础上逐渐丰富与发展起来的一种民间信仰活动，萨满教以万物有灵论为思想基础，在内容上包括自然崇拜、图腾崇拜和祖先崇拜三个方面。萨满教出现的时间非常早，并且流布地域广阔，曾为东北亚、北美、北欧等地区众多民族世代信仰、全民尊奉。在各种外来宗教先后传入我国之前，它曾经长期盛行于我国北方各民族地区，并且具有稳固的地位。满、锡伯、赫哲、鄂伦春、鄂温克、达斡尔、维吾尔、乌孜别克、塔塔尔、朝鲜以及大和等民族也都存在着不同程度的萨满教信仰活动。而在佛教或伊斯兰教成为主流信仰的我国北方一些民族当中，仍然可以见到明显的萨满教的痕迹。

满族的萨满教祭祀场所

位于沈阳故宫（又称后金故宫、盛京皇宫）宫室内

二 佛教第二乡多变迁

——发展历史

西域这块土地曾经是被来往僧人称为“小西天”的佛教圣地，一度成为佛教传播的重镇。这里的佛教发展曾经非常繁荣，却又走向衰落，这中间有许多复杂的过程值得一提。

1. 佛风西吹来

——佛教传入西域的开始

由于西域与佛教发源地印度和印度周边受佛教影响的地区距离很近，因而当印度佛教向外传播的时候，不可避免地进入了西域，这里也成为中国最早接受佛教的地区。

印度佛教的发展与向外传播

佛教于公元前 6 世纪至前 5 世纪，由释迦牟尼创立于古印度。释迦牟尼本是古代印度的王子，出家悟道后，把自己觉悟的内容向社会各阶层宣讲，在大约 45 年的讲法过程中，拥有了越来越多的信徒，佛教的影响逐渐扩大。

从释迦牟尼创立佛教到他逝世后的 100 多年间，佛教主要在古印度恒河中游一带流传，教团比较统一，都奉行释迦牟尼的教法，信徒持戒严谨，基本上都以乞食为生。历史上通称这一期间的佛教为“原始佛教”，也称“早期佛教”或“初期佛教”。佛陀涅槃后，由于他

印度阿育王头像（砂石）

阿育王是印度著名的护法王，他推动了佛教的世界性传播

的弟子们对佛陀的教义和戒律理解不同，佛教分为上座部、大众部两大派。后来又分成十八部或二十部，这就是佛教发展史上的“部派佛教”时代。

由于释迦牟尼佛出生在古印度北方，其教化一开始只是流行于古印度恒河中游。与基督教一样，佛教在它存在的最初几百年内，一直是少数人的宗教，直到阿育王（约公元前 268~约前 232 年在位）时期，佛教的影响逐渐向西扩大，这是佛教真正向外传播的时期。

阿育王是印度佛教史上著名的护法王，他最初并不信佛，在多年征战后，由于痛感战争杀戮之残酷而皈依佛教，开始大力宣扬佛法，并在各地刻石铭文，至今尚有遗存 30 余处。他还广建寺塔，据说曾建有 84000 座寺塔。

佛陀涅槃后，遗体被火化，佛陀的舍利曾被分为 8 份送到各地建塔安奉，其中摩揭陀国安奉在菩提伽耶的那一份舍利，在公元前 3 世纪被阿育王取出，分成许多份送到各地建塔，后来也流传到了中国，比如陕西法门寺的佛指舍利、北京八大处的佛牙舍利。

可以说，产生于印度的佛教之广泛传播，得力于阿育王派出名僧高士奔赴远方各地弘扬佛法。据记载，阿育王所派传教者数目非常多，涉及的地域范围也非常广泛，包括印度次大陆的边远地区，如喜马拉雅山、南印度和德干高原。阿育王的传教专使还东赴缅甸，南下锡兰（今斯里兰卡），西达塞琉古（今叙利亚一带）和希腊诸国，北进克什米尔、

汉代的丝绸之路

丝绸之路由张骞出使西域而开辟，以长安（今西安）为起点，经甘肃、新疆，到中亚、西亚，并连接地中海各国的陆上通道

犍陀罗（今巴基斯坦北部）以及中亚其他国家和地区。这样大规模的传教使佛教不仅在印度内部广为传布，并且走出国界弘扬至世界各地，逐渐演变成世界性的宗教。

但是在印度本土，佛教流行了几百年后，达到极盛即开始缓慢衰退。到 13 世纪后，佛教在南亚次大陆的印度本土几乎销声匿迹。

虽然佛教在它诞生的土地上基本消亡，但是在其他地方它却展现出了强大的生命力，并且影响了广大的人群。如今，佛教的一大主流位于东南亚一带，在斯里兰卡、缅甸、泰国等东南亚国家和我国云南边境地区盛行，被称为“南传佛教”。另一主流，被称为“北传佛教”，稍晚于约100年到200年之间兴起于印度，经中亚向北沿丝绸之路传到中国汉地，后来传到韩国、日本、越南等地。

在印度佛教向中国传播的这一漫长过程中，西域成为先于中国内地最先接触到佛教的重要地区。

佛教进入西域

阿育王的努力，推进了佛教向世界性宗教的转变，佛教也开始进入西域周边的国家和地区。阿姆河是中亚流程最长的内陆河，源于帕米尔高原东南部的高山冰川。从阿姆河到印度河流域，来自地中海东岸的希腊人建立了大夏国（今阿富汗东北部地区），帕提亚人以伊朗为中心建立了安息国，还有越过帕米尔高原来自祁连山和伊犁河的大月氏人中的一部分建立了著名的贵霜王朝。

公元前260年左右，阿育王曾派遣摩诃勒弃多、末阐提传教。摩诃勒弃多主要在印度西北的希腊殖民地臾那国弘法，后来扩大到阿富汗、安息、康居等地，末阐提则在犍陀罗、罽宾等地布教。这些国家都先后接受了佛教。

佛教在公元前2世纪末传播于中亚各国以后，逐渐遍及印度北部、阿富汗、克什米尔以及中亚其他地区和伊朗北部。佛教在罽宾、葱岭以西广大地区的盛行，客观上为印度佛教向葱岭以东即新疆广大地区的传入提供了必要的条件。2世纪，在大月氏人建立的贵霜帝国国王迦腻色伽的推动下，佛教发展出现了又一高潮，佛教的影响已经到达了葱岭以东。

丝绸之路使佛教传入我国成为可能，其线路跨越了欧亚大陆的东西侧，是连接长安和罗马的漫长贸易之路。东起兴安岭、西至喀尔巴阡山脉的广大地区一直为游牧民族所占据，据考证可能是最早的森林草原丝路，而与佛教关系最紧密的则是沙漠绿洲丝路的一部分，途经天山山脉南路的西域南道和西域北道。

佛教传入我国新疆地区，主要有南北两条线路。北线是佛教先影响邻近的安息（今伊朗）、康居（今巴尔喀什湖和咸海之间）以及各中亚小国，然后越过葱岭，到达西域的疏勒，之后传播到龟兹、焉耆，再传到高昌。南线是从古印度北部的罽宾，也就是今天的克什米尔出发，翻越昆仑山，经过莎车，或者经过莎车东南的皮山而传入于阗。

清末绘画

1902 年出版的绘画。画中为穿越帕米尔高原的商队

佛教传入西域的具体时间目前还没有定论，只能估计在公元前后。据记载，首先把印度小乘佛教的“说一切有部”思想传入西域于阗的是来自罽宾的高僧毗卢遮那佛，因此通常以公元前 80 年毗卢遮那创建西域第一座佛寺为标志，小乘佛教“说一切有部” 开始从北印度（今克什米尔）传入于阗，而后佛教在西域地区由南向北、由西向东传播开来。

公元前 60 年至公元前 10 年左右，佛教自于阗向西或向北传播到叶城、莎车、塔什库尔干、喀什、阿克苏、库车、焉耆等西域之“丝绸之路”北路各地，向东北方传播到且末、若羌、米兰、楼兰等西域之“丝绸之路”南北路诸地。

最初传入西域于阗和其他各地的佛教是“说一切有部”，在很长

交河故城遗址

交河故城，维吾尔语称雅尔果勒阔拉，位于新疆吐鲁番市以西 10 公里雅儿乃孜沟 30 米高的悬崖平台上，是世界上保存最完好的生土建筑城市，唐西域最高军政机构安西都护府最早就设在这里。1961 年被列为全国重点文物保护单位

一段时间内都流行于西域各地。当时在西域诸地弘扬小乘佛教的主要高僧大德有：首先把佛教思想传入于阗的高僧毗卢遮那，以及他迎请来的许多传教尊者，如阿罗汉布达、僧伽斯达、僧伽菩扬和僧迦斯达纳等 4 位阿罗汉。这些佛教高僧在传教过程中，在上述西域各国建立了许多小乘佛教寺庙和佛塔。

印度大乘佛教兴起之后，约在 2 世纪到 3 世纪也传入了西域各地，小乘和大乘佛教都曾在现在的新疆各地流行，出现了大小乘佛教并弘的局面。从 2 世纪到 5 世纪，西域各地信仰的大多属于小乘佛教，盛行的地区有疏勒、罽宾、犍陀罗等地；而大小乘思想混合，仍以小乘为主流者有安息、康居、龟兹，盛行大乘者有高昌、于阗等地。

魏晋南北朝时期是西域佛教的鼎盛时期。这一时期，西域境内开凿了众多规模宏大的石窟，兴建了雄伟壮观的佛寺，并且佛教高僧辈

《职贡图》（局部）

此图又名《番客入朝图》或《王会图》，描绘了 12 位使者朝贡时的形象，依次为滑国、波斯、百济、龟兹、倭国、狼牙修、邓至、周古柯、呵跋檀、胡密丹、白题、末国的使者

出，他们讲经说法，使佛寺成为当时西域各国的社会政治、经济、文化中心。到4世纪，高昌甚至奉佛教为国教，西域佛教进入了鼎盛时期。

中原内地和西域各地都先后涌现出许多德才兼备的高僧大德，大小乘佛教经文都得到大量翻译，到隋唐时期，中原佛教形成了自己的宗派，并且对西域形成了强大的回流影响，大量汉朝僧人长期居住在西域，建立庙宇，开凿石窟，弘传教法，不少洞窟与壁画都具有浓郁的唐风。

五代到两宋时期，西域地区的宗教信仰趋向多元化，伊斯兰教势力逐渐崛起，佛教基本走向衰落。元明两朝，蒙古贵族在北方扶持藏传佛教，并在西域广泛传播。加之伊斯兰教在西域传播趋于兴盛，双重挤压使早期佛教存在境遇日益窘迫。清初，信仰藏传佛教的卫拉特蒙古准噶尔部受到清军围剿，伊斯兰教势力再次抬头。乾隆年间土尔扈特部回归祖国，晚期的藏传佛教最终在西域取代了早期佛教。

小知识◎说一切有部

说一切有部，是部派佛教上座部中的一部，简称为有部，别名说因部。在佛灭后300年初，从上座部分出。说一切有部的学说根源于四大论师，即法救、妙音、觉天、世友。其中以世友的说法最具权威性。说一切有部在上座部派中最为兴盛，对汉传佛教及藏传佛教都有深远的影响。说一切有部的传播重地就在靠近西域的 宾地区，因此，其学说迅速地传入西域，并在南北朝时传入汉地，一时研究者众多，而被称为毗昙宗，又称因缘宗，后被俱舍宗所吸收。

2. 广大布流化
——佛教在西域诸国的传播

佛教初传入西域的时候，西域诸国各自为政，因此对于佛教的接受和传播也具有各自的特点。当时，佛教在广义的西域范围内影响的主要国家有大月氏建立的贵霜王朝及安息、康居、疏勒、龟兹、高昌、于阗等，从汉末到魏晋南北朝时期，佛教在西域得到了极大的发展，这些国家的佛教也随之逐步兴盛起来。

大月氏的佛教

大月氏原为西域众多民族中的一支，公元前 2 世纪，大约在汉文帝时期，大月氏被匈奴打败而被迫西迁。大月氏在公元前 130 年左右越过帕米尔高原，移居中亚，并征服了统治该地区的大夏国。大月氏后来分裂为 5 部，其中以贵霜部最为强大。到 1 世纪 40 年代的时候，其建立了贵霜王朝，势力不断扩展。到 1 世纪 60 年代，贵霜王朝已经统治了巴克特里亚、喀布尔、犍陀罗、罽宾等地区或者属国。

《牧羊图》

西汉匈奴的《牧羊图》，反映了游牧民族的生活

到 2 世纪前半叶，贵霜王朝在其领袖迦腻色伽一世和继承者统治之下达至鼎盛，被认为是当时与汉朝、罗马、安息并列的欧亚四大强国之一。贵霜王朝一度统领了印度恒河及印度河流域，其幅员西起咸海，东到葱岭，成为拥有中亚广大领土的强大帝国。也是在这个时期，大月氏民族从游牧社会转型为农耕社会，迅速吸收古波斯、希腊和印度文化，得到极大的繁荣和发展。

贵霜王朝的迦腻色伽王是一位大力护持佛教的君主，登上王位后不久就皈依了佛教，终生为宣扬佛法而竭尽全力。他喜好研习佛经，还经常延请高僧入宫说法。迦腻色伽在宣扬佛教方面的贡献，集中表现在他促成了佛教历史上的第四次结集，这也是佛教史上的最后一次结集。由于各部派所讲的佛法众说纷纭，迦腻色伽王就下令召集各方僧侣，在罽宾举行第四次佛教经典结集，由说一切有部的著名论师主持，集成《大毗婆沙论》一书。

迦腻色伽采取了比较开明的宗教政策，对印度和中亚各族的宗教也表示支持和宽容。同时他还在帝国范围内广建佛庙，以促进佛教在帝国的传播。他在首都富楼沙建的大佛塔，是当时世界上最高的建筑物之一，此塔基座 5 层，上有 13 层木雕建筑，全塔总高 194 米。

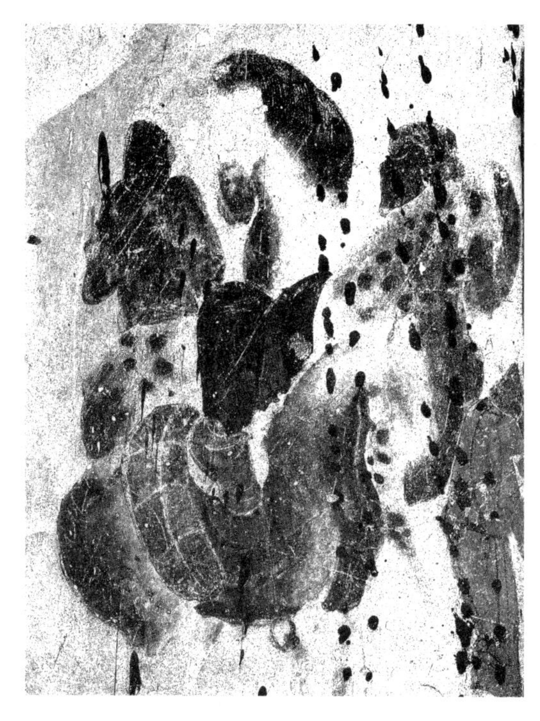

唐代初期壁画:《出使的马队》
出自甘肃敦煌莫高窟（千佛洞）第 323 窟。描绘了张骞为问佛名号出使西域时与汉武帝辞别启程的场景

贵霜王朝时期佛教艺术也得到了很大发展，在2世纪初的贵霜王朝下辖的犍陀罗，由以前的无佛时代到根据莲花（诞生）、菩提树（成道）、法轮（说法）等来表现佛陀，转变为用人的形象来表现佛陀。除佛经外，借助佛像的实际视觉效果，佛教经由犍陀罗、东西土耳其斯坦向中国或由南印度向东南亚一带传播。

大月氏佛教非常发达，原始佛教经典如《中阿含》、《增一阿含》等经，完备无缺，而由东来的译经师所译出的大乘经典，包括《华严》、《方等》、《般若》、《法华》、《涅槃》5大部。

贵霜王朝疆域的中心，刚好是横贯中亚丝绸之路的交通枢纽，贵霜王朝佛教强盛时期，影响就已经远及我国于阗，对西域佛教的初传起到了重要作用。据记载，汉哀帝时，佛教传入内地，就是通过大月氏使者伊存口授佛经达成的。永平年间，汉明帝派遣郎中蔡愔、博士弟子秦景等出使天竺求佛取经。蔡愔到达大月氏，遇见东来传教的印度高僧摄摩腾与竺法兰，在蔡愔的力邀下，摄摩腾与竺法兰便与其一起，用白马驮着佛经和释迦牟尼佛像，于永平十年（67）来到了洛阳，这是佛法正式传入内地的开始。

佛教在安息国

安息国位于波斯（今伊朗）境内，在大月氏的西部，建于公元前250年左右，“安息”是它的音译名称。安息王朝最盛时，从印度河畔到美索不达米亚，都是安息国的领土。后来因为和古罗马帝国发生战争，加上内乱频仍，安息国在226年被波斯帝国萨珊王朝所灭。一部分安息人向东逃亡，移居到阿姆河以东的地区，在历史上仍然称它为安息，只是国力已大不如前。

安息硬币

公元前 2 世纪的安息国硬币。安息国位于波斯（今伊朗）境内，西方史称其为“帕提亚”，中国史称“安息”、“安息国”

安息国原来的地理位置正好处于东西贸易交通的要道，与中原丝织品的贸易非常频繁。中国所产的丝绸要输入欧洲，必须经过印度和安息，安息因此成为中西思想及文化交流的中心。

安息国本来流行袄教，但因为其领土深入印度西北部，和印度内地有密切的经济往来，大约在大月氏贵霜王朝建立时，安息国人也开始信仰佛教。安息国主要流行小乘佛教，特别是说一切有部的教义。在安息领土的遗址，就是现在的阿富汗西部，靠近古印度犍陀罗的地区，曾经发现一二世纪的佛塔遗址。

在东汉末年来到中国，并对中国佛教有巨大贡献的安世高，就是一位安息王子。之后，同是安息人的安玄，曾在汉灵帝时来到洛阳译经。大约在中国的魏晋之际，安息为萨珊王朝所灭，当地恢复流行祆教，佛教在安息失去依仗，因此安息不少的高僧大德都来到中国，如曹魏时的昙无谛、西晋时的安法钦与安法贤等，相继来华译经。所译出的经典，包括大小乘经典，广涉经、律、论三藏。

移居到阿姆河之后的安息国，约在5世纪末再度复兴了佛教，一直到隋朝之时才完全灭绝。

佛教在康居

在安息西北方、大月氏北方的国家是康居。从锡尔河下游，至吉尔吉斯平原，是康居疆域的中心地带。地处阿姆河以北，咸湖与巴尔喀什湖之间的康居国受到安息、大月氏的影响，佛教也得到广泛的传播。张骞通西域以后，康居加强了与罽宾、于阗、疏勒、龟兹和内地的联系，罽宾、于阗等地的巫术和中原地区的一些传统宗教观念，也汇集到了康居。

2世纪时隶属于康居的粟特人开始信奉佛教，佛教开始在康居盛行。从东汉末年到东晋之际，康居已经有不少的译经僧来到汉地，包括康孟详、康僧铠、康僧会等沙门，他们当中，有的自己就是康居人，有的祖先曾是康居人。

由于康居国与大月氏、安息国，都属于中亚地区民族，因此由康居国传入中国的佛教，多半都是方等部、宝积部等大乘经典，原始佛教经典方面则为阿含部。大致而言，康居国所流行的经典，与大月氏地区大同小异。

《康居王使者册》木简

西汉木简。甘肃敦煌悬泉置遗址出土

佛教在龟兹

在葱岭以东的塔里木盆地，南北两侧各有一系列沙漠绿洲连接起来的通道，是沟通东西方关系的要道，也是佛教传入中国的主要路线。

龟兹，就是现在的新疆库车，位于新疆天山南路的重要地段，中国史书称它为龟兹，佛经中则有丘兹、归兹、屈支等诸多的名称。龟兹王室以“白”为姓，唐朝置龟兹为都督府，安西都护也曾驻扎在这里。自南北朝到唐朝，活跃于中国的出家人中，凡是姓“白”及“帛”的，多半来自龟兹。

龟兹地区与佛教接触的时间很早，据推断，佛教传入龟兹，最晚应该在1世纪时。到3世纪时，当地佛教已隆盛到极点。这里曾有佛寺百余所，僧众5000余人，学习小乘佛教说一切有部。

汉唐以来，龟兹、于阗等国已经成为中印交通的要冲，因此很多佛教经典都是先传到龟兹、于阗等地，然后再传入我国。如鸠摩罗什所译的《妙法莲华经》，原本就有类似龟兹语的传本。从龟兹到吐鲁番再到敦煌，都有龟兹语佛经发现，大多都是小乘佛教经典，而且是说一切有部所传承的佛经，如《佛说分别善恶所起经》、《法句经》、《六牙白象本生》、《尸毗王本生》等。整体而言，龟兹虽盛行小乘佛教，但东来的三藏译经师所译出的经典，包括了大乘与密教的典籍，因此龟兹应该也弘传大乘教法。可以说，魏晋以前的龟兹不但是东西文化融合交汇的枢纽，更是佛教文化的第二中心。

一直到8世纪末叶，龟兹佛教还很活跃，但在10世纪左右以后，龟兹沦为土耳其的领地，龟兹的名称从此不见于史书，而佛教在龟兹地区也从此消于无形。

于阗的佛教

于阗位于我国新疆西部，也就是今天的和田地区。于阗自古就是印度、波斯、中国之间贸易必经之地，也是东西文化往来的要道。

阿育王曾经派遣9位布教师中的末阐提前往罽宾传布佛教，于阗接近印度东北，又是当时西域交通与文化的中心地区，因此可以推定，公元前后，佛教已传入于阗。于阗国王就曾自称是毗沙门天（四天王之一）的后代，极为推崇佛教。

于阗是佛教传入我国的必经之地，原本盛行小乘佛教，发展到后来，印度开始盛行大乘佛教，凡传入中国的经典，十之八九都要经过于阗，于阗因此成为西域大乘佛教的中心。早期来华的译经高僧，如

清代于阗文木牍

新疆维吾尔自治区博物馆收藏的清代于阗文木牍。于阗是丝绸之路上有悠久历史的古国，在今新疆和田一带，汉时归附汉王朝

唐代于阗沙门提云般若来到我国，译出华严部和密教的经典各两部，此外，还有实叉难陀译出了《八十华严》等大乘经典。

唐中宗时，有一位于阗王的质子在我国出家，法名智严，后来他译出了《出生无边门陀罗尼经》、《法华经》、《药王经》及《决定业障经》等四部。另外如佛驮跋陀罗（觉贤）、昙无谶、月婆首那等人，虽然不是于阗人，但他们所译的经典原本，如《六十华严》、《涅槃经》、《妙法莲华经·提婆达多品》等，都来自于阗。三国时代，有魏国僧人朱士行到于阗取得《大品般若经》的梵本。

到7世纪中叶，于阗还有百余所佛寺，僧众至少有5000人，大多学习大乘教法。隋唐时期西域佛教继续发展，但各地的情况已经发生了不小的变化，于阗佛教出现了盛极而衰的现象。10世纪以后，伊斯兰势力入侵于阗，到11世纪，于阗佛教已经走向衰败，加上天灾，于阗佛教就此走向消亡。于阗的语言属于伊朗语系，在敦煌莫高窟发现了不少用于阗语书写的佛教经典，现存的有《金刚般若经》、《金光明经》、《大乘无量寿经》、《一百五十颂般若波罗蜜多经》等。

西域其他地区的佛教

除了上述西域国家的佛教兴盛之外，从佛教初传到南北朝时期，疏勒、焉耆、高昌等地的佛教也都十分繁荣。

由葱岭通向龟兹的第一大国是疏勒，疏勒就是现在的新疆喀什。据记载，大月氏贵霜王朝迦腻色伽王时期，疏勒国曾经将王子作为人质送到大月氏，迦腻色伽王为这名质子在其住处建立了专门的佛寺，后来该质子回国为王，也在疏勒推广佛教。因此，疏勒国王大都是佛

莫尔佛塔遗址

位于新疆喀什的佛教遗址，是古代疏勒国佛教徒的杰作

教的提倡者，在此地出土的“佛浴床”、“佛钵”、“佛唾壶”、“佛袈裟”等佛教文物，明显地具有早期佛教的特色。

焉耆也是西域小乘佛教中心地区之一，接受佛教时间大致与龟兹一致，唐代曾经有佛寺十余所，出家人数千名，也都是小乘学僧。目前发现的焉耆语（即吐火罗语）的佛教文献都属小乘佛教作品，如《弥勒会见记剧本》、《譬喻经》等。

此外，据记载，属于今天新疆一带的跋禄迦（阿克苏）、竭磐陀（塔什库尔干）、乌铎（莎车）、子合（叶城）、都善（若羌）等地区也都流行小乘佛教的“说一切有部”。而高昌的佛教也一度非常兴盛，以佛教为国教，后来在此地建立的高昌回鹘也信奉佛教。

小知识◎佛经的四次结集

在佛教的历史上，曾有过四次大的典籍结集，这四次大结集对佛教的繁荣、发展起了巨大的推动作用。由于佛陀生前所宣讲的教义并无书面记载，也没有文字戒律，因此佛陀去世后，佛陀的入室弟子认为有必要召集会议，统一教义与重申戒律。于是佛陀的大弟子迦叶在摩羯陀国都王舍城郊的七叶窟召集500长老进行了第一次结集，史称“王舍城结集”。由佛陀弟子阿难和优婆离分别背诵经、律，然后相互校正。

佛灭后100年，耶舍长老召集700僧众召开第二次结集，宣布“十事”为“非法十事”，坚持传统戒律，因参加者多系主事的上座，故这次结集又称为“上座结集”，从而产生了上座部派。大天被耶舍长老等逐出上座部长老僧团，另立大众部。原始佛教组织发生分裂，佛教进入“部派佛教”时代。

第三次结集是在阿育王时期。阿育王邀请1000名德高望众的长老，在华氏城的阿育王寺举行千人结集，称为第三次结集。重新合诵佛教经典，并编出一部《论事》，把不同部派的论点加以整理，有正反两面的观点各500条，共1000条，但流传至今者仅100余条。

佛教的第四次大结集，就是由贵霜帝国的国王迦腻色伽主持召开的，参加大会的约有500名高僧，来自印度各地。大会在世友主持下进行，这次结集之后，佛教在贵霜帝国境内得到极大的发扬。

◎祆教

祆教，即拜火教，是一种起源于古伊朗的宗教信仰，既崇拜火，也崇拜日月星辰。其理论为二元论，主张世界上的光明（善良）与黑暗（邪恶）两个元素的斗争是不断的。祆教是基督教诞生之前中东地区最有影响的宗教，其历史延续超过了1000年。公元前6世纪至前5世纪，祆教在波斯高原兴起，中国人认为该教主要是拜天，因而称之为“祆教”。226年，萨珊王朝建立，将祆教确定为波斯国教，萨珊帝国成为一个政教合一的帝国。

祆教约在3世纪后传入新疆。在我国魏、梁、唐、宋各代，西域的疏勒、于阗、焉耆、高昌等地都有祆教流行，直到明朝以后，祆教才销声匿迹。唐代曾传入中国内地，被称为祆教，“祆”就是天神的省义字，不称“天”而称“祆”，说明这是外国的天神，和中国自有的本土天神是有区别的。唐会昌五年（845），武宗禁传佛教和其他外来宗教，祆教也受到排斥，许多祠庙都被拆毁。祆教到五代、两宋还有一些残存；南宋以后，在中国内地基本绝迹。在8～10世纪间，一部分坚持信仰祆教的波斯人，不愿改信伊斯兰教而移居印度西海岸古吉拉特邦一带。这些波斯移民在印度被称为“帕西人”，至今共有10万人左右。今天的伊朗境内尚保留有5座祆教寺院，但规模都很小，也举行宗教仪式，内有长年不灭之圣火。史学家因其在历史文化上的突出贡献而称其为“世界第五大宗教”。

祆教的绘画

此为波斯诗人菲尔多西（940~1020）《王者之书》中描述的波斯与图兰的一场战争，双方国王均出阵。祆教教徒将这场战争视为善与恶的较量

3. 融通增上智

——西域佛教与内地的往来

汉朝是我国历史上第一个与辽阔的西域地区建立行政关系的王朝，汉朝时期佛教由西域通过河西走廊传入我国中原地区。从魏晋南北朝开始到隋唐，西域佛教进入兴盛时期，内地佛教也开始创宗立派，产生了佛教从内地向西域的回流现象。西行求法与东来弘法的佛教高僧络绎不绝，开创了我国佛教史上的一派繁荣景象。

西域僧人来到内地传法

在佛教传入西域之后，很早就有西域僧人来到内地。早期的西域僧人主要是带来佛教经典，并且从事翻译工作。东汉时期明帝派遣使者至西域时，汉使在大月氏遇到的高僧摄摩腾和竺法兰，就是从西域来到中国的第一批高僧。

这个时期西域各国都有高僧来到内地，内地对这些高僧的称呼，有些就以其国为姓，比如从大月氏来的就以“支”为姓，从康居来的则以“康”为姓。

当时传入内地流传的经典主要有两大体系，一是以支娄迦谶、支谦为代表的大乘空宗般若学，一是以安世高为代表的小乘禅学。月氏人支娄迦谶和安息人安世高就是第一批来中国内地译经的高僧。他们在东汉桓帝建和初年进入洛阳，此时正是贵霜王朝和安息国的强盛时期。

安息国来内地的高僧

安世高是安息国王子，从初入中国到东汉灵帝建宁三年（170）共20余年的时间里，安世高译出了早期的一批汉译佛经。安译佛典的确切数字已难以详知，现存22部，26卷。他译介的佛典，集中在阐发早期佛教的基本教义上，其中有理论性很强的《阴持入经》，有把禅定与佛理结合密切的《十二因缘经》和《安般守意经》等，也有许多后来被收进诸《阿含经》的小本经典。

安世高把佛典翻译成汉语，在内容和形式上都具有自己的特点。从内容上说，安世高所擅长的是禅数之学，所以译经也侧重于这个方面，他所译出的都是印度小乘佛教十八部中“上座部”系统“说一切有部”的理论，重点是小乘的“阿毗昙”和“禅”，简称“禅数”之学，并且是用“说一切有部”的说法来作解释的。

从形式上说，安译佛典偏重于直译，而且译中添加注释。安世高精通汉语，所以能将佛经的原本意义比较正确地传达出来，措辞准确，不粗俗，不铺张，恰到好处。安世高非常注意寻找印度佛教和中国本土文化的结合点，也主动以道家概念来类比经中概念，具有中国佛经翻译格义时代的特点。

还有安息国的优婆塞安玄，在汉灵帝末年（189）因经商到洛阳，

《大般若经》

张掖真金写经《大般若经》上的经文。位于甘肃张掖大佛寺

与汉人严浮调帮助安世高译经，两人共译《法镜经》二卷、《阿含口解十二因缘经》一卷。《法镜经》特别为“居家开士”（在家菩萨）说法，把“救护众生”、“度脱众生”作为信奉佛教的第一大誓，以“布施”为中心，概述了“六度”的修道方法，这些大异于早期佛教的思想，表明安息也早有大乘佛教，并在商人中流行。

此后，在魏晋之际，还有沙门昙谛、法钦等，也是来自安息的译家，前者译出《昙无德羯磨》，属法藏部律；后者译出《阿育王传》等，在天龙神话中杂说小乘教理。

大月氏来内地的高僧

西域之路开通之后，月氏人入居内地者累代不绝，佛教也从该国东传。移居汉地的月氏人以支为姓，支娄迦谶、支亮、支谦、支愍度、竺法护（竺姓为后改）等都是传播佛教的月氏名人。支娄迦谶通晓汉语，除了独自翻译以外，有时还和早来的竺朔佛（一称竺佛朔）合作。他译经的年代是在汉灵帝光和、中平年间，比安世高稍迟，他的学问广博，译籍基本上属于大乘经典。

支娄迦谶的译籍中，几乎囊括了大乘佛经的所有类别，其中《兜沙经》后来被收入《华严经》，《道行般若经》被编入《大般若经》，《平

《清凉寺起源画卷》第三卷

此画卷描绘了僧人罗琰运送佛像从印度经西域龟兹国时，白天由僧人背佛像，夜晚则由佛像背僧人赶路的情景

等觉经》、《阿閦佛国经》等被编入《大宝积经》，至于《般舟三昧经》、《文殊师利问菩萨署经》等则被收进所谓《方等部》。其翻译经典之多，范围之广，内容之杂，显示出月氏佛教的大乘化在 1 世纪就已经达到很高的程度。

东汉桓帝时期，从大月氏来到内地的高僧还有支谦，他也是最早在中国传译大乘经典的高僧。支谦的译述比较丰富，具体数量有不同说法。他在约 30 年间搜集了各种原本和译本，未译的补译，已译的订正。特别是对支娄迦谶的重要译本如《道行般若经》、《首楞严经》等，更是特别加以重新翻译，他也帮助从印度来华的维祇难和竺律炎翻译佛典。

支谦的翻译以大乘"般若性空"为重点，是安世高、支娄迦谶以后的译经大师。支谦继承支娄迦谶的思想体系，改译《道行般若经》为《大明度经》，文体也由冗涩变为简洁流利。他改译后，对"般若"的宗旨比支娄迦谶《道行般若经》阐发得更为深入。

支谦除翻译外，还做了合译和译注的工作。他将有关经典和各种旧译对勘，分章断句，上下排列，首创了会译的体裁，后来支愍度的《首楞严经》、道安的《放光般若经》都向他学习。支谦自译的经文也偶而加以自注，这种做法足以补充翻译所不能尽之意，从而使原本的意义更加明晰。

还有西晋的竺法护，出生在敦煌，但祖先是月氏人，当时人称他为敦煌菩萨，又称为月氏菩萨。竺法护曾在晋武帝时随师西游 36 国，前往葱岭以西求取大乘经典，当时大月氏势力还未衰颓，他所译的经典大部分得自月氏国。他带回大量佛典，经他译出的有 159 部，309 卷。其他如支法度、支施仑、昙摩难提、道泰、月婆首那等沙门，也都是大月氏人。

康居来内地的高僧

到 3 世纪，从大月氏北部的康居来到内地的译经者也有不少，如汉灵帝时的康巨、汉献帝时的康孟祥、曹魏时的康僧铠、孙吴时的康僧会等，所译大小乘经典都有。他们大都是随其先人或经商，或避乱辗转进入内地的，有的在内地定居已经数代。

康僧会在三国时期的赤乌十年（247）来到吴国的首都建业，建立茅屋，设置佛像，开始在民间传教。康僧会在建业民间传教，并且穿着沙门服饰，佛教的影响日益扩大。据记载，孙权因此召见康僧会，并让他显示佛教的灵验。康僧会显现舍利的灵异后，孙权为他建塔，并造建初寺。这是吴地的第一座佛寺。孙皓即位后，法令苛虐，并且

清代线刻图：《吴康僧会尊者》

康僧会(？～280)，三国时期译经僧，交趾（今越南北部）人。其先世出自康居国（今新疆北部），世居印度，至其父因经商始移居交趾

意欲破坏佛寺，康僧会结合儒家经典向孙皓宣传佛教教义，尤其是善恶报应说，最终使佛寺得以保存，并使孙皓从善信佛。

康僧会先后译出《六度集经》8卷和《吴品经》等。康僧会除译经外，还注经，《安般守意经》就是康僧会与陈慧共注的。康僧会的思想，曾受安世高系小乘禅学的影响，但其主要思想还是大乘佛教思想和儒家思想。

龟兹来内地的高僧

龟兹是丝绸之路北道的交通要塞，也是大月氏佛教传进内地的必经之路，它同罽宾、于阗、疏勒以及天竺交往频繁。龟兹僧人来内地传法者中，最著名的是鸠摩罗什，但是除罗什之外，为内地佛教发展作出贡献的龟兹沙门人数众多。自 3 世纪中叶以来，龟兹的佛教高僧大德前来我国传译经典的，有僧侣、居士及王族，有的还亲自携带佛典来到敦煌一带。

曹魏时，西域沙门帛延游化洛阳，参与翻译《首楞严经》，还有《无量寿经》等大乘经典，一般认为他就是龟兹人。帛尸梨蜜多罗，也是龟兹人，在两晋之交来到内地，善持咒术，译有《孔雀王神咒》等，被视为江东有咒法的开始。还有帛远，在晋惠帝时（290 ～ 306 年），在长安译出方等部大乘经和若干部阿含小经，也传有《无量破魔陀罗尼》等密教典籍。他在关陇一带享有很高声望，其译籍也反映了龟兹佛教的密教化状况。

4 世纪左右，东晋时来到我国的小乘佛教论师佛图舌弥在龟兹国内具有的佛教地位极高，僧纯曾经从佛图舌弥之处获得戒本，从那些戒本及授戒法中确信戒法是如来所制，经过传译后，汉土戒法也就从此开始盛行。

除此之外，在我国影响较大的龟兹高僧当推佛图澄。佛图澄本姓帛氏，是西晋末年来华的高僧。佛图澄重视戒学，不仅自己严守戒律，还以此教授徒众，对于古来相传的戒律，也多有考校，他的义学和戒行都非常突出。佛图澄的学说，史无所传，但是却有许多著名弟子，包括法首、法祚、法常、法佐、僧慧、道进、道安、僧朗、竺法汰、竺法和、竺法雅、比丘尼安令首等。据记载，他门下受业追随的常有数百，前后门徒几乎过万，教学盛况可见一斑。其门下的道安和其他杰出的佛教传人，为中国佛教发展打下了基础。

高僧鸠摩罗什原籍天竺，生于西域龟兹国，自幼随母出家，早年

鸠摩罗什塑像

鸠摩罗什（344～413），原籍天竺（今印度），生于西域龟兹国（今新疆库车），后秦僧人。与真谛、玄奘、不空并称为中国佛教的四大翻译家

在罽宾及沙勒国游学，潜心研究大乘教义，后来在温宿国说服一切神辩外道，声望更隆。龟兹国王白纯亲自前往温宿，将他迎请回国，并为他铸造了金刚座、狮子座，上以锦褥铺饰，恭请罗什升座说法。影响所及，社会民众崇法敬僧风气普遍，发愿出家修道者日增。401 年，姚兴打败后凉吕隆，迎请鸠摩罗什到长安，尊奉为国师。鸠摩罗什在长安译出《摩诃般若经》、《妙法莲华经》、《维摩诘经》、《阿弥陀经》、《金刚经》等经典和《中论》、《百论》、《十二门论》、《大智度论》等论，共 74 部，384 卷。

佛法传来中国，历经魏晋诸朝，汉译的经典渐渐增多，但是翻译的作品大多并不流畅，与原来的梵本有所偏差。鸠摩罗什羁留凉国 17 年，对于中土民情非常熟悉，在语言文字上运用自如，加上他原本博学多闻，也深具文学素养，因此在翻译经典上，自然生动而契合妙义，创造了我国佛经翻译的新里程。鸠摩罗什的译笔生动简洁，晓畅易解，不拘泥于一辞一义的生涩僵化，被誉为我国的四大译经家之一，对佛法在我国的发展，影响极为重大。

于阗来内地的高僧

于阗高僧实叉难陀（652 ～ 710）曾在武则天和唐中宗时两次被下诏邀请到长安译经，武则天亲自为他所译《大乘入楞伽经》作序。他第二次来到京城，受到中宗皇帝的隆重接待。中宗皇帝亲自出城门远迎，京师僧人则倾城出动，让他乘青象入城。实叉难陀共翻译了 19 部 107 卷佛经，去世后骨灰被护送回于阗国，于阗人起塔供养。长安僧人也筑起 7 层佛塔，号为华严三藏塔，以纪念这位于阗译经大师。

于阗僧提云（天智）于 691 年从于阗到达长安，译出《造像功德经》、《大乘法界无差别论》等 6 部经典。还有尉迟乐（智严），自幼在唐

吉藏像

吉藏（549～623），隋唐时著名僧人，三论宗创始人。其祖籍安息，俗姓安，故又称胡吉藏。祖世避仇移居南海（今广州），后迁金陵（今南京）

朝，为于阗国王质子，后被唐朝授予左领军大将军上柱国，封金满郡公。神龙二年（706 年）上书请求将其住所改为寺院，中宗下旨同意，并亲题寺名“奉恩寺”。他在奉恩寺译出大乘经典 4 部及咒经 7 首。于阗僧人尸罗达摩（戒法）曾在唐朝北庭（今吉木萨尔）都护府龙兴寺任大法师，译出梵本《十地经》、《回向轮经》等，后来又去长安从事译经，晚年返回于阗。

除了上述高僧之外，还有来自罽宾的僧人伽跋澄、僧伽提婆、僧伽罗叉、昙摩耶舍、弗若多罗、卑摩罗叉、佛陀耶舍、求那跋摩等，比如僧伽提婆在庐山译出了《阿毗昙心》和《三法度论》，由此毗昙学约在东晋时始行中国。还有弗若多罗是专精《十诵律》部的学者，曾与鸠摩罗什合译《十诵律》，不幸未译完却忽然去世。

西来传法译经的高僧一直不绝如缕，有些已经世代居于中土。隋唐之时的吉藏大师就是在梁武帝年间出生于南京，但是祖籍安息，是西域人士。吉藏大师著有《中论疏》、《十二门疏》、《三论玄义》、《大乘玄义》、《二谛义》等。源于印度中观学派的三论宗思想，由吉藏大师发扬光大。在吉藏之前，佛学界研究、讲习古三论的，先后有僧肇、道融，后有僧朗等。吉藏的学说，初从其师法朗，继而摄取天台宗的《法华玄义》，最后倾力于阐扬“三论”，而成为三论宗的集大成者，真正完成三论思想体系，也是三论宗的创立者。三论宗是中国佛教史上形成最早的一个宗派，三论宗的创立，标志着中国化佛教的出现与佛教在中国文化中的真正扎根与发展。

还有唐代长安西明寺僧人慧琳（736 ～ 820），本姓裴，是疏勒国裴氏王族后代，他撰写的《一切经音义》共 100 卷，对佛教中的深奥义理和词句等进行注音和释义，是研究古代佛学以及历史、音韵、训诂、地名等有珍贵参考价值的文献。

可以说这些来自西域的高僧，对于佛教经典在内地的传译和佛教的发展起到了至关重要的作用。

内地僧人西行求法

在西域僧人不断进入内地的过程中，内地僧人西行求法的人数也越来越多。

到魏晋时期，西域社会生产力提高，农业、手工业、商业都有长足的进步，加强了与内地的联系，从 260 年僧人朱士行第一次西行到于阗寻求大乘经典开始，两地的联系更加紧密。

自玄奘法师西行求法之后，唐朝基本上已重新统一西域，并先后在高昌、龟兹设立了安西部护府，促进了社会的安定和繁荣。这时，已成为当时社会主体信仰之一的中国大乘佛教开始大规模回传西域，反哺西域佛教。隋唐时期，中国佛教创宗立说，也很快传播开来，在西域各地积淀丰厚的中国文化土壤。

三国时高僧朱士行（203 ～ 282），是汉地第一个正式出家的沙门，也是国内第一个西行求法的出家人。于阗有大乘经的消息传到洛阳，朱士行正苦于大乘经典里《道行般若经》这样的要典竟译得不彻底，于是决定前往于阗取经。曹魏甘露五年（260），朱士行从雍州（今西安市长安区西北）出发，历经艰险，终于到达于阗国。

朱士行在于阗国得到《大品般若经》梵本，他共抄写 90 章，60

朱士行取经浮雕（北宋）

浙江杭州飞来峰造像第 47 龛

多万字。抄写完成后，他想派人将该经送回洛阳，但受到于阗小乘学众的阻挠，要求于阗王禁止传出。经过多方周折，直到 282 年，朱士行派弟子弗如檀等，把抄写的经本送回洛阳，这时距离朱士行从长安出发已有 23 年。他自己仍留在于阗，后来在那里去世，时年 80 岁。

后世对朱士行西行求法给予极高的评价，从汉僧西行求法的历史来看，朱士行可说是开义学的先河。朱士行求法的经典虽然只限于《大品般若经》一种，译出也不够完全，但对于当时的义学影响却很大。

东晋时代，佛法虽已不断地传入内地，然而还远远不够完备。道安大师的弟子庐山慧远大师在南方的庐山设立东林寺，成为南方佛教的中心，与鸠摩罗什的北方译场遥相呼应。慧远大师看到当时南方佛经很不齐备，禅法无闻，律藏残缺，感于法道有缺，于是派遣弟子法净、法领等人远度葱岭，寻求佛经。这些弟子跋山涉水，历尽艰辛，从西域带回新经 200 余部。慧远于是在庐山般若台译经，成为我国翻译史上私立译场的第一人。

晋末宋初，佛经的翻译赶不上佛教大发展的需要，中国佛教由送进来的阶段向拿进来的阶段转变，从而产生了西行求法运动。高僧法显是中国第一位到海外取经求法的大师。399 年，法显同其他几名僧人一起，从长安起身，向西进发，他们到了张掖，西出阳关渡过“沙河”，到了现在的新疆境内，后来他们穿越塔克拉玛干大沙漠，到达了于阗国（今新疆和田）。他们在这里观看了佛教“行像”仪式，住了 3 个月后，接着继续前进，到达了那竭国。之后，一行人翻过小雪山，渡过了蒲那河，进入中天竺境内。

在国外十数年，由于与他同行的僧人或死或留在天竺，法显由海路单身回国。他由狮子国乘商船东归，在今山东半岛南部的崂山附近登陆时，为东晋义熙八年（412）。法显在临终前一直进行着翻译经典的工作，共译出了经典6部63卷。他还写下了远赴天竺的经过即著名的《佛国记》，对所经过的中亚、印度、南洋约30国的地理、交通、宗教、文化、物产、风俗乃至社会、经济等都有所述及。法显是游历当今印度、巴基斯坦、尼泊尔、阿富汗和斯里兰卡等国的第一个中国人，他的天竺之行比玄奘尚早230余年。

隋唐时期，西域与中原佛教文化的交流特别是译经授经活动达到高潮，僧人往来十分频繁。西行求法的唐僧玄奘是其中最著名的一位。由于在修学佛法的过程中，玄奘深感各派学说纷歧，难得定论，而来自印度的佛经译作晦涩难懂且有失原意，因而立志“誓游西方，以问所惑”。为了自己的宏伟志向，玄奘婉言谢绝了庄严寺“长安十大德”之一的荣誉地位，决心到天竺学习佛教。

贞观元年（627），玄奘途经兰州到凉州，昼伏夜行，来到瓜州，再经玉门关，越过五烽，通过西域各国，经过长途跋涉5万余里，终于来到王舍新城，开始取经求法。玄奘在那烂陀寺历时5年，备受优遇，并被选为通晓三藏的十德之一，赢得崇高威望。贞观十九年（645），玄奘取经归国，载誉回到于阗，太宗立即召令到长安相见。回到长安之后，玄奘开始译经，到去世前的19年间，共翻译了佛教大小乘经论75部1335卷，共计1000多万字。玄奘的译著从数量和质量上都达到了中国佛经翻译史上的高峰。玄奘还撰写了历史名著《大唐西域记》，对新疆各地的佛教、民族以及风土人情等作了详细、生动的记载。

隋唐时期两地交往的另一特点是，出现了中原汉地佛教回传西域的现象，有大批汉僧从中原来到西域修习禅定。据记载，龟兹有两所汉僧主持的佛寺，一所是大云寺，一所是龙兴寺。唐朝册封总理西域佛教事务的僧都统也是汉僧，驻锡于龟兹库木吐拉石窟寺。唐朝统一西域后，国家强盛，社会安定，经济发展，西域与中央政府的联系更为密切，在佛教上的往来更加频繁和双向。

西域与内地佛教僧侣的交往，推动了唐代佛教文化艺术的交流和发展，丰富了我国佛教文化艺术的宝库，也使西域佛教文化向着更高的层次发展。

玄奘取经归来情景

645 年，玄奘取经归来，僧侣与信徒们在长安的寺院前迎接驮着来自印度的佛教画像与经书手稿的马队

4. 释氏再兴起
——高昌回鹘时期佛教的发展

隋唐之后，西域佛教开始出现颓势。由于战争频仍，社会动荡，佛教进一步走向衰落。近宋时候，回鹘人西迁到高昌，建立起了高昌回鹘，并且改信佛教，促进了西域佛教的复兴。

从突厥开始的佛教渊源

西域各民族之间关系错综复杂，突厥可汗自称与“九姓回纥”同族，而回纥族出铁勒，铁勒就是北魏时的高车，突厥与回纥同源，也可说是源自铁勒。由于回鹘与突厥之间有着千丝万缕的联系，因此对回鹘佛教的探究可以追溯到突厥与佛教的关系。

突厥的最初活动地在准噶尔盆地之北，约在今亚洲北部的叶尼塞河上游，后来迁移到高昌的山北。5世纪中叶，柔然攻占高昌，突厥成为柔然的辖属。柔然作为鲜卑拓跋部的一支，是4世纪末至6世纪中叶，继匈奴、鲜卑之后，活动于中国大漠南北和西北广大地区的古代民族。这一时期，南齐僧人法瑗的兄长被任命为柔然汗国的国师，佛教传入漠北。

此后，突厥在6～8世纪之间崛起，于552年打败柔然，成为强国，曾先后建立过强大的游牧帝国——突厥汗国（552～599）、东突厥汗国（599～630）、西突厥汗国（562～658）和后东突厥汗国（682～745）。其中，势力最强大的是突厥汗国，全盛时其疆域东起辽海，西抵里海，南至阿姆河南，北越贝加尔湖，控制了中西交通的要道“丝绸之路”，对沟通中西关系及文化交流曾起过重要作用，奠定了后世突厥诸汗国的地域基础。

后来突厥汗国的第四代君主佗钵可汗时代（572～581），因为北齐沙门惠琳的游说而开始皈依佛教，修建佛教寺院，并遣使向当时的北齐祈请佛教经典《涅槃经》，克服重重困难首次将佛经译成了突厥文。

到北周立国之后，北周武帝在位之初，实行废佛灭道的政策，在此情况下，原在北周的犍陀罗国高僧阇那崛多和家乡的一些僧人请求返回印度。在经过突厥汗国回国的途中，受到佗钵可汗的邀请，来到突厥传教，他曾留在突厥王廷，直到584年才返回家乡，前后历时10余年。585年，阇那崛多又受到隋文帝的邀请，重返汉地，以其精通梵语而与达摩笈多合力于601年译出《添品妙法莲华经》7卷27品，流播至今。

佗钵可汗时期，阇那崛多在突厥当地从事的翻译佛经和传教布道的工作，都得到了君主的支持。此时期，原北齐僧人宝暹等11人也在575年从印度取经回来，携带260部梵经到达突厥。之后，由于听说北周灭北齐，北周武帝毁坏佛法，所以决定暂留突厥，并和阇那崛多一起，对带回的佛经进行了研究，并翻译成汉语，对突厥佛教的发

北周壁画：《穿突厥装的伎乐人》

5 位穿突厥装的乐舞人，演奏着西域乐器，从其弹指歪头的舞姿可看出他们所舞应是西域的民俗舞

展产生了重要影响。佗钵可汗的儿子尔伏可汗也对佛教非常虔诚，佛教在突厥汗国时期得到很大的发展。

突厥佛教主要受汉传佛教，尤其是北齐佛教的影响，同时也受到了印度佛教的影响。从突厥流行的经典看，有《维摩诘所说经》、《涅槃经》、《华严经》等，这些都来自中原，都是大乘经典，可见当时突厥境内流行的佛教应该是大乘佛教。佛教的流行，也影响到突厥的社会习俗，这从突厥人的丧葬方式上可窥见一斑。火葬之俗的流行，据考其实就是受佛教影响的结果。

佛教的传入曾对突厥传统的萨满教产生重大冲击，但佛教在漠北并未真正扎根，在佗钵可汗去世以后便很快衰落了下去。隋初，突厥汗国分成了东突厥和西突厥两部分。东突厥汗国时期，毗伽可汗一度有意重兴佛法，修建寺院，但遭到了突厥贵族的强烈反对，因为佛教戒杀生、戒争斗的教义与突厥游牧射猎、尚勇好武的习俗存在着许多抵触，东突厥的佛教始终处于传统宗教萨满教之下，没有占据优势。

与漠北地区佛教在佗钵可汗以后便一蹶不振的情况比，在突厥汗国的西部地区，尤其是独立后的西突厥汗国境内，佛教却一直相当盛行。西突厥汗国建立以后，极力向西、向南扩张，同信仰佛教的地区接触更加密切，开始保护和优礼佛教。在达头可汗之后，佛教在突厥汗国西部地区持续得到发展。唐初玄奘赴西天取经，途经碎叶城，在那里拜会了统叶护可汗，受到了上宾待遇。

《回纥人牵引图》

隋唐时北方草原的主人是突厥人和回纥人

西突厥统治时期还建立了不少王家寺院，如特勤寺、可敦寺、特勤洒寺。西突厥汗国佛教隆盛，其流行的时间基本与汗国存在的时间一致，突厥佛教早期以大乘为主，发展到后来，尤其在西突厥地区，大、小乘兼行并举。

唐太宗贞观四年（630）攻灭东突厥。唐高宗永徽、显庆年间（650～660）又灭掉西部强敌西突厥，西突厥以前在亚洲西部的所有属国都改为依附于唐朝，因而远到乌兹别克的阿姆河和阿富汗一带的辽阔地域都成了唐朝的控辖地区。中原扩展到中亚的统治长达30多年。

之后，到唐武则天时期突厥再次开始复兴，颉跌利施可汗建立的后东突厥汗国则是一个游牧民族国家。680年之后，一度受汉文化影响生活在城市或村镇的突厥人开始恢复以前的游牧生活，恢复本民族宗教，崇拜天、地和祖先。而佛教在突厥始终未取得独尊地位，与突厥萨满教及景教、袄教长期共存，8世纪中叶以后随着伊斯兰教势力的东侵而衰亡。

高昌故地的佛教历史

高昌位于今新疆吐鲁番东南地区，是古时西域交通枢纽。北凉时沮渠蒙逊因为战败，来到高昌建立政权。北凉承平十八年（460），柔然攻占高昌，灭高昌北凉沮渠氏，立阚伯周为高昌王，这是高昌地方建国的开始。从5世纪中叶到7世纪中叶，在这里曾经先后出现4个独立王国，分别是阚氏高昌、张氏高昌、马氏高昌和麹氏高昌，其中麹氏高昌政权统治时间最长久。

汉唐以来，高昌一直是连接中原与中亚、欧洲的枢纽，世界各地的宗教先后经由高昌传入内地。佛教约在公元前1世纪传入高昌地区，从佛教传入起就开始流行佛教，北凉的时候沮渠蒙逊退居高昌之后，佛教得到进一步发展，高僧辈出，译经风气大盛，北凉流亡政权还建立了王家寺院。

高昌著名的高僧有道普、法盛、法朗、僧遵、法绪、智林、慧嵩等。他们或在本地修行佛道，或到内地传法译经，推动了佛教的传播和发展。齐时高昌僧人法惠曾去龟兹出家，返回高昌后，住在仙窟寺，宣教民众。

在麴氏王朝成立后，佛教受到历代君主的推崇，高昌的佛教日益隆盛。南北朝时期，佛教在高昌地区已有很大的发展，在西域各国中，高昌一直是佛教中心。十六国时期，高昌僧鸠摩罗跋提向占据北方的

高昌古城遗址

这里曾是古时西域交通枢纽，也是古代高昌王国的都城。高昌古城规模宏大，十分壮观。其总面积达 200 万平方米，是古代西域留存至今最大的古城遗址。1961 年高昌古城被列为全国重点文物保护单位

前秦苻坚进献梵文《大品经》。晋太元十五年（390）法显西行也曾到高昌传授经文。

而到隋唐时期，佛教在高昌出现了日渐昌盛的趋势。隋朝时，佛教的发祥地天竺有僧人来到高昌宣传佛法，并在这里的许多寺庙中游历讲经。那时的僧侣大部分都开始学习汉族的语言。隋炀帝还曾派遣汉族僧人道乘到高昌国，特意为高昌国王讲《金光明经》。

高昌国佛教的盛行，与唐朝时著名的佛教高僧玄奘也有着十分重要的关系。贞观二年（628）正月，玄奘西游途中，路经此地，到达高昌王城（今新疆吐鲁番境内），此时，正是高昌国王麹文泰的统治时期，国家十分强盛，佛教已经广为流行开来。高昌国王麹文泰对来自中原的高僧厚礼相待，麹文泰曾请求玄奘永留其国，要把他当活佛供养一世。玄奘不为所动，绝食三日，以表取经求法志向，国王麹文泰深受感动，只得同意放行。玄奘特意在此停留一个月，为国王讲《仁王经》。麹文泰不仅给予玄奘物质上的支持，还写了文书通牒，让一路上各国国君对玄奘进行必要的支持。

到唐朝中期，佛教已经在高昌国达到了空前的繁荣程度，一直持续了几百年。回鹘移住高昌以前，这里受到汉族的极大影响，当地的风俗政令、文字等都和汉地大同小异。

高昌回鹘建立后当地的佛教发展

7 世纪，吐蕃入侵西域，安西四镇（于阗、疏勒、龟兹、焉耆）全部陷落。一直维系到 9 世纪中叶，吐蕃在回鹘的西迁下退出西域的历史舞台。

回鹘，原称回纥，是铁勒诸部之一，最初活动于西伯利亚，后来迁居到土拉河北。744年，以骨力裴罗为领袖的回纥联盟在唐朝大军的配合下，推翻了突厥汗国，杀突厥白眉可汗，建立起漠北回纥汗国。由于回纥尽有突厥故地，其后的突厥余部大都归化于回纥，东突厥人和九姓回鹘人一起构成了大的回鹘人的概念。因此，回鹘人将突厥汗国作为他们的前身，回鹘汗国也被看作突厥汗国的延续。

在众多的中亚古突厥民族中，回鹘人最早转向定居的生活方式。早在漠北回鹘汗国时代，回鹘势力即已扩张到以高昌（西州）、北庭为中心的新疆东部地区。840年，回鹘汗国因自然灾害侵袭、统治集团内讧以及西北民族黠戛斯的进攻等原因而分崩离析，其部众大部分向西迁徙。西迁分为三路，其中一支迁往今吉木萨尔和吐鲁番地区，后来建立了高昌回鹘王国；还有一支迁往中亚草原，在帕米尔高原西楚河一带，被称为葱岭西回鹘，分布在中亚至喀什一带，后来与葛逻禄等民族一起建立了喀喇汗王朝；还有一路迁往甘肃河西走廊，称为甘州回鹘，后来成为河西的本地民族。自此，塔里木盆地周围地区受到高昌回鹘王国和喀喇汗王朝统治，当地的居民和西迁后的回鹘互相融合，这就为后来维吾尔族的形成奠定了基础。

迁往吐鲁番地区的回鹘在首领的带领下，与吐蕃在西域展开争夺，于866年大败吐蕃，夺取了西州、北庭、轮台、清镇等要地。从这一年开始，高昌成为回鹘的首都，标志着高昌回鹘王国的建立。君主号称亦都护，疆域最广时东起甘肃西部，西到中亚两河流域，南抵昆仑山北麓与于阗、喀什一线，北达天山以北。境内民族除回鹘人、汉人外，还有南突厥、北突厥、大众熨、小众熨、样磨等各个民族。

高昌回鹘时期，亦都护积极发展与周边政权的关系，在辽太祖七年（913）入贡于辽。高昌回鹘成为辽的属邦，同时也称臣于宋。不过，高昌回鹘仅保持了形式上的从属，实际上仍具有独立地位。到元朝时

刘清潭出使回纥

唐代宗时，刘清潭出使回纥，并征调回纥军队讨伐史朝义

期，高昌回鹘受到优待，高昌的亦都护被成吉思汗封为第五子，并娶成吉思汗的女儿为妻，名义上拥有与四位皇子同样的地位。

大约从 859 年到 1250 年，吐鲁番都是回鹘汗国的中心，通过中原佛教徒的传播，回鹘人早在回鹘汗国时期就接受过佛教。到高昌回鹘时期，当地多种宗教并行，王室早期信奉摩尼教，西迁高昌之后，在当地原有居民的影响下，逐渐接受了佛教。民众大多皈依佛教，同时也有不少人信奉景教、祆教、道教、萨满教等。

回鹘王室改信佛教之后，对佛教采取扶植的态度，从而促使佛教在王国内有了新的发展。摩尼教和佛教共同繁荣了几个世纪之后，佛教日益占据了吐鲁番宗教的主导地位。北宋的时候，高昌仅存一座摩尼教寺庙，却有 50 余座佛教寺院和一座汉文佛经图书馆，佛教文化十分繁荣。

与摩尼教徒一样，高昌回鹘的佛教徒为翻译佛经也投入了极大的热情。诸多回鹘佛教僧人都熟悉梵文佛教文献，在吐鲁番地区和沿南北丝绸之路，特别是塔里木盆地周围的其他地区都曾发现许多梵文佛经。

摩尼教经典残片

新疆库车发现的 8 ～ 9 世纪的纸本摩尼教经典残片。波斯人摩尼创立的摩尼教经“丝绸之路”传入中国，后又有摩尼教经典的汉译本流行于世

摩尼教寺院：草庵

中国现存唯一一座摩尼教寺庙，位于福建泉州晋江

著名的回鹘佛学家有僧古萨里、安藏、阿鲁浑萨里、迦鲁纳答思、必兰纳失里等，他们翻译和著述了大量佛教经卷及内地汉文典籍。有的译著流传至今，如僧古萨里的《金光明经》、《玄奘传》。

从10世纪末叶开始，高昌回鹘的西疆便不断受到喀喇汗王朝的蚕食，疆域日渐促狭。10世纪末到11世纪初，高昌回鹘王国在援助于阗王抵抗喀喇汗王朝的斗争中加强了与吐蕃的接触，因而在宗教信仰上增进了解并相互影响，藏传佛教也开始在高昌王国流传发展。佛教在高昌古国的大发展也使这一时期的经文、经书空前丰富起来。以回鹘语写成的佛教经典，有《金光明最胜王经》、《方广大庄严经》、《弥勒下生经》、《天地八阳神咒经》等，多为译自汉译藏经之转译本。

此外，还出现了大量的与佛教禅宗内容有关的佛书和其他的多种文学作品形式，比如颂诗、史诗、小说、剧本等，均是以佛教为内容的优秀作品。

高昌回鹘广泛开展佛教文化事业，将佛教文化渗透到社会的各个层面，一直到蒙元时期都兴盛不衰，并且高僧辈出，通晓各民族语言，精解佛经。这一时期，在南疆于阗有虔信佛教的李氏王朝，佛教享有崇高的地位，并与中原中央政府和高昌回鹘汗国保持密切的关系，形成了西域佛教发展的又一高潮。佛教也对回鹘人的社会生活、文化艺术产生了深刻影响。能歌善舞的回鹘人，用戏剧、音乐、舞蹈等形式，宣扬佛教的教义。

西迁的回鹘另一支在喀什地区建立的喀喇汗朝，其人民开始仍然信仰佛教，到 10 世纪初，伊斯兰教传入喀什，后对高昌发动战争，占领高昌地区，推行伊斯兰教，从此高昌回鹘的佛教一蹶不振，日渐衰微。到 15 世纪中叶，高昌佛教也退出了历史舞台。

小知识◎景教

景教就是唐朝时期传入中国的基督教聂斯脱里派，被视为最早进入中国的基督教派。景教始创人聂斯脱里原为基督教的主教，因为观点与传统基督教不一致，而一度被教廷视为异端。5 世纪末，聂派教徒迁往波斯传教，盛极一时。此后，景教被传到中亚等地，到 6 世纪末，已经盛行于突厥、康居等地。唐贞观九年（635），景教僧侣将此教传入中国，唐太宗李世民命令在长安城中的义宁坊建立景教寺院一所，度僧 21 人，许其传教。当时中国人也称景教寺为波斯寺。景教的寺院不仅建于长安，地方府州也有。唐肃宗即位之后，在西北地区建立景教寺院，信奉者不仅有来华的西域人，也有中原人。景教也有翻译成汉文的经典，如阿罗本时代翻译的《序听迷诗所经》、《一神论》等。唐武宗会昌废佛，景教同时被禁止。到了元朝时候，景教再度传入内地。元亡后，再次衰落。

◎摩尼教

摩尼教又称作明教，发源于古代波斯萨珊王朝。摩尼教的创教者摩尼生于 216 年，摩尼声称自己是神的先知，也是最后一位先知。他的目标是要建立一个世界性的宗教，超越一切的宗教传统。摩尼教受到袄教和基督教、佛教的影响，其教义主张灵魂从肉体上彻底解脱，因而强调禁欲、食素。同时也包括了佛教的转世说和叙利亚的天使说。摩尼教起初在巴比伦传教，在波斯萨珊王朝信任下在波斯传教，摩尼教在波斯曾盛极一时，后来因受到迫害，教徒流徙四方。其中向东的一支进入河中地区，以后逐渐东传至中国内地，再辗转传入回鹘国中，并取得了长足的进展，迅速替代了原来盛行的萨满教，一跃成为漠北回鹘汗国的国教，直到 9 世纪中叶，回鹘汗国崩溃，民众大部被迫西迁后，摩尼教在回鹘民族中仍然拥有相当高的地位。摩尼教也传入了中国内地，唐代宗大历三年（768），应回纥之请，在江淮等地建立摩尼寺。唐武宗会昌五年（845）灭佛时，摩尼教也遭受严重打击，转而成为秘密宗教，并吸收道教及民间信仰，从而改称明教。两宋时流行于淮南、两浙、江东、江西、福建等地，不断组织农民起义，最著名的就是方腊起义。后来，明教又与弥勒教、白莲社相结合，而演变成明代末年的白莲教。

◎高昌回鹘的佛经翻译家安藏

回鹘文本的译者是来自别失八里的安藏（? ~ 1293），在蒙哥汗和忽必烈汗时期，他将大量的汉文经典、史书和行政文告之类翻译成蒙古语。安藏5岁时，即从父兄学习经书，9岁时从师就读，19岁时被征召入朝。奉诏译《尚书》、《资治通鉴》、《难经本草》为回鹘文，深得皇帝嘉悦。死后被追封秦国公，谥文靖，其遗作受命传刻付梓，得歌、诗、偈、赞、颂数十卷。安藏曾翻译过《华严经》、《文殊所说最胜名义经》和《圣救度佛母二十一种礼赞经》。除了《华严经》等经典的翻译之外，安藏还用诗体改写了《普贤行愿品》，并创作了两首与之相关的诗作。

5. 古今传梵韵
——河西地区的佛教发展

河西地区是中国内地通往新疆的要道，东起乌鞘岭，西至古玉门关，南北介于南山（祁连山和阿尔金山）和北山（马鬃山、合黎山和龙首山）间，长约900公里，宽数公里至近百公里，是一个西北到东南走向的狭长平地，形如走廊，称为甘肃走廊。因为位于黄河以西，又称河西走廊。河西地区因为其特殊的地理位置，受到西域和内地佛教的影响，在河西的敦煌和张掖地区佛教文化也一度昌盛。

早期河西敦煌佛教的兴起

位于河西走廊最西端的敦煌，古称“沙州”，又称作燉煌、焞煌，是一座拥有两千多年历史的名城。自汉代以来，敦煌就是我国与西域诸国的交通要冲，汇聚了各种民族，融合了多民族的文化。

早在西汉末东汉初，佛教经由西域传入祖国内地的时候，敦煌就成为了最早一批接触佛教的地区。佛教在敦煌民间的大流行则开始于

莫高窟木结构建筑

甘肃敦煌莫高窟的木结构建筑，俗称九层楼

西晋末年、十六国时期。北周取代西魏后，继续在敦煌设置管辖机构，并任命建平公于义继任瓜州刺史。于义十分崇佛，在其任职期间，进行了大规模的开窟造像活动。其中北周修建的最大石窟第 428 窟，就是于义所建。

十六国时期，河西地区的佛教以译经与讲经为主，同时石窟寺的开凿也兴盛起来。敦煌高僧辈出，译经僧历来也不计其数。被称为“敦煌菩萨”的竺法护，世居敦煌，并曾在敦煌组织了自己的译场。除竺法护之外，还有最早在敦煌建寺弘法的竺法乘。北凉昙无谶曾在此地译出《菩萨戒本》及北本《大般涅槃经》的后六品。刘宋时，昙摩蜜多也在此营建精舍，大力弘法。

除了在译经上取得较大成就外，河西佛教的兴盛还体现在石窟寺的大量建造上。河西地区现存的石窟寺的数量非常之多，这些石窟寺始建于十六国时期，尤其是著名的莫高窟，就是在十六国时期开凿的。

敦煌在佛教史上最大的贡献，就在于其佛教艺术上的辉煌成就。前秦建元二年，沙门乐尊云游四野，来到敦煌时，忽然发现三危山金光灿烂，如同千佛跃动。乐尊感动之余，发愿凿窟造像，使它成为真正的圣地，这是敦煌第一个石窟的营建。其后历代增凿营造，逐渐成为有千余洞窟的大石窟群。今日的敦煌石窟群范围包括安西县附近的榆林窟与敦煌西南的西千佛洞。

北魏时期，敦煌石窟与寺塔继续兴建。太武帝拓跋焘时虽有灭佛事件，但对敦煌佛教的发展影响不大。北魏后期，元荣任瓜州刺史期间大兴佛事，出资造经 200 多部，并在莫高窟掀起了建造洞窟的高潮。莫高窟现存北魏末年至西魏时期的佛教洞窟 10 个，都与元荣有直接关系。

隋朝仁寿元年（601），隋文帝令天下各州起塔供养舍利，瓜州莫高窟的崇教寺也在其列。此时的敦煌由于魏晋南北朝时期的衰败，虽曾经东阳、建平时期的恢复，仍不能与河西其他诸州比肩，因此隋代经营西域的基地主要在张掖。但隋代在莫高窟开凿了大批的石窟，敦煌地区甚至还出土了一些隋皇室成员的写经，可见隋王朝对敦煌的重视。

受内地的影响，大乘佛教思想也开始在敦煌流行。从隋代写经题记来看，此时出资写经者多为戍卒、商人和普通百姓，表明敦煌的佛教信仰已深入到一般民众之中。与佛教的迅速发展相适应，莫高窟的修窟造像活动也十分兴盛。隋代敦煌石窟艺术进一步接受中原佛教艺术的影响，为以后新的艺术繁荣时期的到来奠定了基础。

除佛教以外，敦煌还有其他宗教在发展，当时在敦煌城东一里处就有祆教神祠，敦煌遗书中还保存了景教和摩尼教的经典，反映了中亚、西亚宗教在敦煌流行的情况。尽管唐代统治者在这一时期不时抬高道教地位，贬抑佛教，但是，敦煌佛教在民间广泛信仰的基础上，在信佛的世家大族的倡导下，一直缓慢而平稳地向前发展。见于记载的佛寺比前代增多，莫高窟的开凿活动也一直在持续。大量宫廷写经不断从长安、洛阳传入敦煌地区，不少高僧从内地前来弘法，敦煌的佛教和石窟艺术发展到了全盛时期。

唐初的敦煌地区并不稳定，内有割据势力之忧，外有异族侵扰之患。在贞观年间，唐朝关闭西北关津，不许百姓于此出境。贞观元年（627）玄奘西行求法之时，就是从瓜州、敦煌间偷渡出去的。贞观七年（633），唐朝去掉西沙州的“西”字，敦煌被正式命名为沙州。之后，敦煌到明朝初年就成为牧区。清朝建立后，采取了一些恢复敦煌社会经济的措施。

王道士照片

20 世纪初，敦煌莫高窟下寺道观的住持王圆箓

1900 年，王圆箓道士无意间发现了藏经洞，就是莫高窟第 17 窟的宝库，敦煌之名开始被世人所知。藏经洞内藏有从 5 世纪初

晋代到 11 世纪初宋代诸朝的经卷、文书、帛画、织绣、铜像等文物 6 万余件。经卷中除了佛经以外，另有道教经典，所使用的文字，除汉文之外，藏文、梵文、粟特文、古和阗文、回纥文等少数民族文字的写本占六分之一。

王道士打开了这个宝库的洞门之后，一批批外国探险家、考古学家闻风而至，他们想方设法从王道士的手中拿走了大批文物，后分别收藏在英国、法国、日本、俄罗斯等地的博物馆。从此，莫高窟的珍贵文物流散到国外，辉煌的敦煌艺术也随之被介绍到了国外。

藏经洞文物的珍贵之处实在太多，如果说敦煌文书概括了大部分的中古文化，也并不过分。敦煌的发现引起学术界震动，吸引了许

敦煌藏经洞壁画

甘肃敦煌莫高窟第 17 号窟北壁壁画。此窟为晚唐时修建，又称藏经洞

多学者对莫高窟的遗书和造型艺术进行专门研究，形成了一门国际显学——敦煌学。

甘州回鹘的佛教

甘州回鹘是 9 世纪晚期至 1028 年间由河西地区的回鹘人以甘州（今甘肃张掖市）为中心建立的民族政权，虽地狭人少，但因其扼控丝绸之路的咽喉要地而一度在河西走廊的历史上扮演了重要角色。

甘州回鹘立国的时期，正是我国历史上的大动荡、大分裂时期。先是五代十国的对峙，继之又是辽、北宋、西夏的争锋。丝绸之路沿线的各藩镇、民族，乃至州县的自有政权，也都各成独立王国。甘州回鹘四面为各大势力围绕，东有中原王朝（五代、北宋、辽），西有于阗、高昌回鹘，南北二面有吐蕃与鞑靼等，西有敦煌沙州归义军政权，因此，甘州回鹘政权一直非常注意与周边民族和政权的交往，在甘州回鹘的

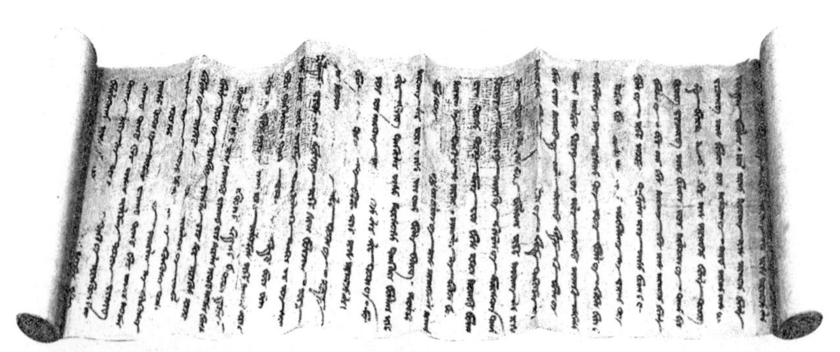

回鹘文摩尼教寺院文书

新疆吐鲁番出土的 9 ～ 11 世纪的摩尼教寺院文书

对外关系中，摩尼教和佛教都曾扮演过相当重要的角色。

河西走廊一带自魏晋以来一直盛行佛教，形成了甘、凉、瓜、沙等众多佛教中心。9 世纪中叶，回鹘西迁到这里后，因为受到当地久盛不衰的佛教影响，大约自 10 世纪初开始，已有相当数量的回鹘民众放弃原来信奉的摩尼教而皈依了佛教。

到北宋乾德四年（966），尚有回鹘人和汉僧结伴，经由朔方、凉州、甘州等地赴印度取经。同时，也有印度僧侣经由河西走廊到中原传道布法。直到 10 世纪时，中印之间的僧侣往来仍在继续，甘州成为连接中印佛教交流的枢纽之一。印度梵语在甘、凉、瓜、沙之回鹘佛教寺院中曾得到广泛应用。佛教在甘州回鹘中的流行，对后世形成了一定的影响，以至于在元朝时甘州仍有回鹘文佛经印制。

佛教势力的迅猛发展，直接影响到回鹘王室的宗教信仰及宗教政策。尽管甘州回鹘统治者在后梁时就已经尊崇佛教，但是当时的回鹘王室仍奉传统的摩尼教为国教。在甘州回鹘中，摩尼教受到尊崇，其法师被奉为“回鹘之佛师”，不管在甘州回鹘国还是在五代的后唐，摩尼教在回鹘王室及达官贵族中都具有相当高的地位。

在后周太祖广顺元年（951）之前，甘州回鹘可汗多利用摩尼教高僧出使中原，但同时也派遣佛教僧侣为使。甘州回鹘国中的佛教高僧，如同境内的摩尼教徒一样，也受到最高统治者的敬重。到后来，他们逐步取代了摩尼教徒的地位而被任命为使者，出使中原和沙州。甘州回鹘派往沙州的使者，不少都在佛教圣地敦煌莫高窟从事佛事活动。

后梁乾化四年（914），曹议金奉掌瓜沙政权，由于甘州回鹘的强大，曹议金娶甘州回鹘天公主为夫人，在敦煌莫高窟、西千佛洞和安西榆林窟的供养人题记和佛教文献中，常可见到和亲的回鹘公主与曹议金

《回鹘公主出行图》（局部）

五代壁画：回鹘公主出行的骑马乐队。出自甘肃敦煌莫高窟（千佛洞）第 100 窟

之女的题名，可见其在莫高窟佛事活动的频繁。

可见，佛教在沟通甘州回鹘与中原王朝及沙州归义军的关系方面起到了非常重要的作用，促进了古代丝绸之路沿线地区及周边国家、地区、民族间的宗教与文化交流。

小知识◎功德窟与供养人

在佛教中布施净财来供养佛、法、僧三宝的施主，就是功德主，为做“功德”而开凿的石窟就是功德窟。现在莫高窟和榆林窟中都有不少功德窟留存，并且绘有供养人像。供养人像，就是信仰宗教，出资绘制或建造圣像、开凿石窟的人，为了表示虔诚、留记功德和名垂后世，在宗教绘画或雕像的边角或者侧面画上或雕刻自己和家族、亲眷和奴婢等人的肖像，这些肖像，称之为供养人像。虽然在西方也曾有绘制供养人画像的习惯，但这类画像和雕像以佛教为最多。供养人画像和雕像根据现实人物所作，且多数有文字题记，图文并茂，是研究文物年代、制作者及绘画、雕刻艺术等的重要资料。在曹议金施资开凿的莫高窟第98窟中，主室东壁北侧画有的女供养人像，是典型的回鹘人贵族装束。在曹议金之子、归义军节度使曹元德所开洞窟（第100窟）主室南北壁的下方，还分别绘有曹议金与此公主的出行图。安西榆林窟第16窟中也有类似的壁画和题记。

6. 盛衰几转合

——西域佛教的衰落与延续

由于五代到两宋，西域地区宗教信仰趋向多元化，佛教在西域的发展在 11 世纪逐渐面临多元化生存境遇，而随着伊斯兰教在西域的逐渐崛起，15 ～ 16 世纪的西域佛教走向衰落阶段，直到明清才又有所恢复。

伊斯兰教的向外传播

伊斯兰教与佛教、基督教并称为世界三大宗教，“伊斯兰”是阿拉伯语音译，原意为“顺从”、“和平”，7 世纪的时候由麦加人穆罕默德创建。信奉伊斯兰教的人统称为“穆斯林”，意思是“顺从者”。

从 6 世纪末至 7 世纪初，伊斯兰教创立之前的阿拉伯半岛社会经济、政治发展极不平衡。坐落在古商道南北交通中心的麦加，逐渐发展为繁荣的商业城镇。拜占庭和波斯两大帝国，为争夺和控制阿拉伯商道，对半岛进行了长期的战争。

伊斯兰教绘画

描绘约 570 年，天使将刚出生的先知穆罕默德放进摇篮，旁边 5 个产婆照顾着他母亲阿米娜

在伊斯兰教出现之前，半岛上的阿拉伯人主要信仰原始宗教，相信万物有灵和灵魂不死，盛行多神信仰。这一时期信奉一神的犹太教和基督教虽然早已传入半岛，在也门地区及一些城镇和农业区流行，但是未能得到广泛传播。

伊斯兰教的复兴者穆罕默德生于麦加城古莱什部落哈希姆家族。相传，610 年穆罕默德 40 岁时的一天，当他在麦加城郊希拉山的山洞潜修冥想时，安拉派大天仙向他传达“启示”使之“受命为圣”。此后，他宣称接受了安拉给予的“使命”，便开始了传播伊斯兰教的活动。起初，穆罕默德在麦加是秘密传教，到 612 年，转为公开向麦加一般群众传教。他提出的一系列社会改革的主张，受到部分下层群众的拥护，许多人归信伊斯兰教。

由于在当地受到迫害，622 年，穆罕默德带领麦加穆斯林迁往麦地那。穆罕默德领导穆斯林进行了政治、经济、宗教等一系列改革，派出门下弟子到麦地那各阿拉伯部落传教，当地绝大多数居民很快归信了伊斯兰教。他制定了《麦地那宪章》，建立起了政教合一的政权。630年，穆罕默德率领10万多人的穆斯林大军，进逼麦加城下，麦加全城居民宣布归信伊斯兰教，并建立起了清真寺。从此，麦加成为世界穆斯林礼拜的朝向和朝觐的中心。

631年末，半岛各部落相继归信伊斯兰教，承认穆罕默德的领袖地位，基本上实现了阿拉伯半岛的政治统一。伊斯兰教已成为在半岛占统治地位的宗教，成为阿拉伯民族的精神支柱。之后，伊斯兰教随着阿拉伯人的军事和商业活动传播到半岛以外的广大地区，从7世纪开始，阿拉伯穆斯林就沿着海陆交通线到达了世界各地。他们或是进

绘画《前往麦加的商队》

1237年，巴格达的哈里利所著《麦卡麦》插图

行贸易，或是旅行，伊斯兰教也跟随着他们传播。伊斯兰教影响遍及半个世界。波斯、巴基斯坦、印度相继由佛教之国变为“清真之国”。

伊斯兰教主要分为逊尼和什叶两大派系，也有其他一些小派系。逊尼派被认为是主流派别，又被称为正统派，分布在大多数伊斯兰国家，中国穆斯林也大多是逊尼派；什叶派的信徒主要分布在伊朗，还存在于其他一些国家和地区，比如伊拉克等国。不管是逊尼派，还是什叶派，都信仰同一部《古兰经》。

伊斯兰教早期向世界的传播，与阿拉伯帝国的向外征服有着密切的联系。但自10世纪后，伊斯兰教在非洲、亚洲和东南亚的广泛传播，以及伊斯兰化的过程，通常是通过商人的贸易活动、文化交流和传教士的传教活动而实现的。目前，信仰伊斯兰教的国家遍布亚、非两个大洲，在亚非50多个伊斯兰国家中，穆斯林占全国总人口的大多数。在30多个国家中，伊斯兰教被定为国教。此外，在各大洲很多国家里都有信仰伊斯兰教的人民（穆斯林）。这些国家包括一些西方国家诸如英、美、法、德等。

伊斯兰教在中国也曾被称为大食教、清真教、回回教、回教等。7世纪中期，阿拉伯、波斯和中亚的穆斯林商人及学者，通过海上的“丝绸之路”将伊斯兰教传入中国内地。一般认为是在唐朝永徽二年（651）从阿拉伯传入中国的泉州、广州等地的。当时传教的主要是一些阿拉伯商人、士兵和阿訇，传入中国的主要是逊尼派。

中国的穆斯林大多数聚居在宁夏、甘肃、青海、河南、云南、新疆等省和自治区，其他各省、自治区、直辖市也有分布。伊斯兰教传入宁夏后，在其发展过程中逐渐形成5个教派，即格底木教派、虎非耶教派、哲合林耶教派、格底林耶教派、伊合瓦尼教派。这5个教派的基本信仰都属逊尼派，其中格底木教派是中国伊斯兰教最古老的一派，源于阿拉伯地区的逊尼派，约有一半的宁夏穆斯林属于此派。

在我国新疆的回族、维吾尔族、塔塔尔族、柯尔克孜族、哈萨克族、乌孜别克族、塔吉克族、东乡族、撒拉族、保安族等少数民族中，大多数信仰伊斯兰教，在汉、满、蒙古、藏、傣等其他民族中也有信仰者。

伊斯兰教与佛教在西域的此消彼长

伊斯兰教进入西域，对西域的宗教、政治、文化等各方面发生了重大影响，经过与西域当地的佛教长时期的此消彼长的过程，伊斯兰教成为了新疆地区占主要地位的宗教。

盖斯麻扎

麻扎即墓地的意思，盖斯麻扎位于新疆哈密市，在西北地区的穆斯林中有着广泛的影响。盖斯是唐朝时期来中国传播伊斯兰教的传教士，逝后被穆斯林尊为"圣人"，其墓地因融会了中原和阿拉伯式的建筑风格而独具特色伊斯兰教进入西域并且扎根，经历了一个艰难的过程。从 661 年到 750 年，阿拉伯半岛建立的倭马亚王朝因崇尚白色，中国史书称其为“白衣大食”。白衣大食的将军屈底波一生多次入侵西域，并大力推行伊斯兰教。713 年秋，屈底波的军队击败了突厥大军，占领了中亚广大地区，所到之处拆毁佛寺和祆教祠庙，强制当地改信伊斯兰教。9 世纪初，阿拉伯在中亚地区的统治土崩瓦解，西域各地都受到伊斯兰教的影响，但是此时伊斯兰教还没有真正传入新疆。

阿拉伯帝国的势力退出中亚以后，中亚各地相继出现了一些地方王朝，处在河中地区的萨曼王朝与新疆毗邻。当时的新疆有高昌回鹘、于阗李氏王朝和喀喇汗朝等政权。喀喇汗朝北、西两面是信仰伊斯兰教的萨曼王朝，东南至西南则为信仰佛教的高昌回鹘和于阗李氏王朝。这一时期喀喇汗朝流行的是佛教及基督教。

在喀喇汗朝第一代可汗统治时期，萨曼王朝开始对喀喇汗朝发动“圣战”。在此期间，穆斯林群众与喀喇汗朝的牧民不断进行着商业贸易交换。贸易往来使牧民逐渐熟悉穆斯林的生活方式和宗教生活，并受到了伊斯兰教的影响。同时，伊斯兰教中的苏菲派传教士也来到了草原，他们积极传播伊斯兰教。由于政治原因喀喇汗朝还一度禁止伊斯兰教传播，后来萨曼王朝的纳斯尔在阿图什建立了一座清真寺，喀喇汗朝的王室成员萨图克成为穆斯林。这标志着伊斯兰教传入了新疆。

萨图克在萨曼王朝支持下夺取汗位，即位后萨图克大力推行伊斯兰教，成为新疆历史上第一位信仰伊斯兰教的地方政权首领。他的儿子穆萨・阿尔斯兰汗时，将伊斯兰教定为国教。新疆境内出现第一个伊斯兰政权。

纪元前后佛教传入西域，3 到 10 世纪得到广泛传播，影响巨大，

15 到 16 世纪走向衰败。10 世纪，伊斯兰教开始传入塔里木盆地，13 世纪逐渐蔓延至天山南北，并借助强权的力量，逼迫普通民众改变宗教信仰，在西域大行其道，因此，与佛教发生了激烈而持久的冲突。

伊斯兰喀喇汗朝的崛起引起了新疆及中亚局势的变化。高昌与于阗由于宗教信仰不同，成为了喀喇汗朝的敌人。于阗尉迟王室自称原来属于唐朝，因此取李氏为姓。李唐灭亡之后，李氏于阗王朝同中原宋朝和西北沙州曹氏政权都保持着密切的关系，与后者还有姻亲关系，交往十分密切。作为天山南路佛教初传之地的于阗，在两汉到隋唐时，境内虽然有道教、祆教、摩尼教等传播，但佛教的主导地位从未改变，

艾提尕尔清真寺

艾提尕尔清真寺坐落在新疆喀什市中心的艾提尕尔广场西侧，是一座典型的伊斯兰寺院建筑。始建于 1442 年，占地 25 亩。主要由正门、经堂、礼拜殿和庭院组成。入口的寺门塔楼雄伟辉煌，在造型艺术上为整个建筑群之冠

而且长盛不衰。

伊斯兰教在喀喇汗朝兴起以后，便对境内佛教僧人不断施加迫害，不少僧侣被迫逃往于阗寻求庇护。960 年，有 20 万帐的汉朝臣民被强迫信仰伊斯兰教。10 世纪以后，喀喇汗王朝为推行伊斯兰教，从 962 年起和于阗爆发了长达数十年的宗教战争。

战争初期，由于得到吐蕃和高昌两个佛教政权的支持，于阗国占据优势。后来，由于玉素甫・卡迪尔汗从帕米尔以西调来了 4 万名穆斯林士兵，使战争局势发生了变化。1007 年前后，于阗城陷即被夷为平地，军队溃散到各处，于阗佛教寺院几乎毁灭殆尽，有的被改建成了清真寺，僧众遭到灭顶之灾，大部分于阗人在重大压力下不得已放弃了佛教信仰而改从了伊斯兰教，部分僧侣则逃离故土，寻求避难。这场战争从 10 世纪中期开始，直到 11 世纪中期结束，时断时续，差不多近百年。至此，新疆的西部佛教被喀喇汗朝摧毁，当地居民逐渐伊斯兰化。

于阗国灭亡后，信仰伊斯兰教的喀喇汗朝与信仰佛教的高昌回鹘国作为新疆地区两个主要地方政权，长期处于对峙状态。喀喇汗朝统治者曾以“圣战”的名义对高昌回鹘国进行过大规模战争。但是直到喀喇汗朝后期，以至西辽、蒙古统治时代，伊斯兰教统治的地区一直维持在阿克苏至且末、若羌一线，往东未能越过库车，喀喇汗王朝和高昌回鹘的国界成为伊斯兰教难以逾越的障碍。12 世纪初的时候，在辽朝覆亡前夕，皇族耶律大石聚集契丹残部来到漠北建立起西辽，西方称之为哈剌契丹，成为中亚强国。

伊斯兰教自传入新疆后，一直处于官方宗教的地位，受到统治者的大力扶植，但是西辽时期，由于实行宗教宽容政策，伊斯兰教失去了一教独尊的官方宗教地位，而且第一次处于非伊斯兰政权的统治和管理之下。因此，在西域的伊斯兰教也发生了相应变化，伊斯兰教上层和伊斯兰教徒改变了对异教徒一贯的敌视态度，不仅积极拥护西辽和蒙古的宗教政策，对西辽和蒙古的统治也给予了积极的支持。

伊斯兰教上层还进入西辽统治集团，直接参与和帮助西辽的统治，代替地方官吏向穆斯林征收赋税。西辽和蒙古统治时期，伊斯兰教不仅发生了政治地位的变化，而且改变了过去那种与其他宗教不相接触的状况，开始与其他宗教交错分布。

1219 年，成吉思汗推翻了西辽在西域的统治，蒙古对各种宗教都采取了较宽容的态度。高昌的佛教和西域的其他宗教如基督教、伊斯兰教等也都得到了发展。蒙古统治时期，伊斯兰教的传播范围进一步

霍加麻扎

新疆喀什阿巴克霍加麻扎，也称香妃墓，建于 1640 年到 1972 年间

扩大。这一时期，新疆各地几乎都可以看到伊斯兰教教徒。新疆东部的吐鲁番、哈密，天山以北的昌吉、吉木萨尔等地，也都有伊斯兰教教徒的活动，表明伊斯兰教已经传播到新疆各个地区。

到 14 世纪末，割据西域的蒙古王秃忽鲁帖木儿强迫 16 万南疆蒙古人改信伊斯兰教，并且残酷屠杀龟兹、焉耆等地佛教徒，其继任者又接连发动“圣战”，进攻高昌等地，毁寺杀僧，进行武力征服，从而结束了西域历史上佛教与伊斯兰教长期对峙的局面。这时，除哈密外，天山以南的整个维吾尔族聚居区多种宗教并存和因宗教信仰不同而造成的对立以及文化、风俗、文字等方面的差异已经不存在了。伊斯兰教成为全体维吾尔族的普遍信仰，早期佛教在西域地区全面走向衰落。

7. 弘传喇嘛教
——藏传佛教在西域的发展

早期佛教在西域走向衰落的时候，藏传佛教在西域逐渐兴起，并且在元、明、清时期都得到了较大发展，直到现在，在新疆地区还具有一定的影响力。

藏传佛教传入西域

吐蕃王朝是藏族在青藏高原上建立的一个古老王国，在松赞干布担任赞普之后，由于他的一系列政治、经济、文化上的举措，吐蕃在青藏高原上崛起。佛教在松赞干布时期传入西藏，大约开始于7世纪，之后藏地的佛教经过前弘期和后弘期，形成了5个教派，成为了中国佛教中独具特色的一支，被称作藏传佛教。

8世纪后期，吐蕃人趁唐朝“安史之乱”导致国力衰弱之时侵占西域的塔里木盆地，达120余年之久。这一时期，源于吐蕃的藏传佛教对西域产生了深远影响，在当地的社会文化中打下深刻的烙印，这一时期西域地区的藏文佛经，数量已经相当丰富。

唐末宋初，吐蕃曾与高昌回鹘组成联军来援助于阗对抗伊斯兰教势力在西域的扩展，在这次旷日持久的战争中，吐蕃与回鹘有了密切的接触，为藏传佛教输入回鹘地区创造了条件。

12 世纪以后，随着伊斯兰教势力逐渐渗入西域，早期佛教在当地渐趋衰亡直至最终退出历史舞台，西域的汉传佛教文化也遭受到严重破坏，许多寺塔都变成了废墟。西域信奉的后期佛教就是藏传佛教，

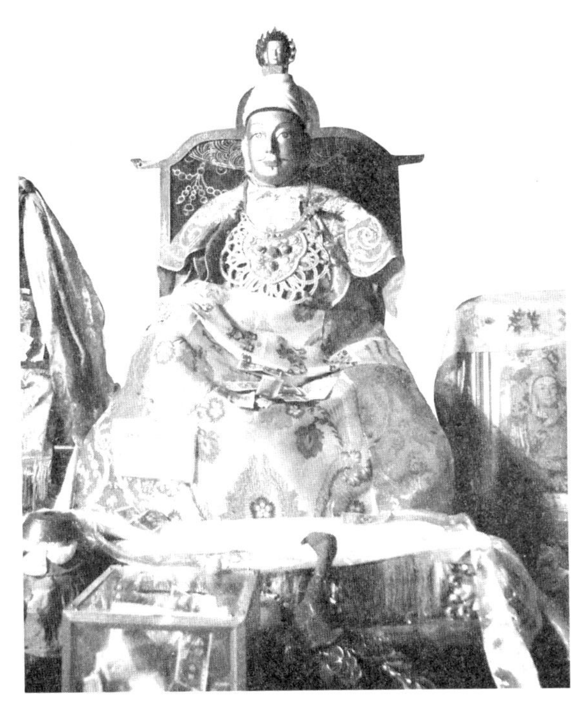

松赞干布塑像

雍布拉康宫内的松赞干布塑像。松赞干布是吐蕃王朝的重要赞普

在西域的真正流行开始于13世纪，也就是蒙元时期。

蒙古贵族在北方扶持藏传佛教，使得藏传佛教在西域广泛传播。1244年，窝阔台汗次子阔端致信西藏萨迦派延请喇嘛高僧，萨迦派首领萨迦班智达来到凉州，与阔端见面，西藏则宣布接受蒙古的政治保护，纳入蒙古统治之下。元世祖忽必烈敕封藏传佛教萨迦派的八思巴为帝师，掌理全国佛教，兼领藏族地区的政教，掌握宗教大权，并参与军政要务，使其与早期汉地佛教、南传上座部佛教并立而三。

从此以后，藏传佛教萨迦派的高僧历任帝师，统领西域佛教。忽必烈本人和许多皇室成员乃至当时的不少官吏、贵族也都曾师从帝师和大喇嘛，皈依藏传佛教。由于藏传佛教受到了蒙古封建统治者的大

拉萨小昭寺

西藏拉萨小昭寺大殿。小昭寺是松赞干布时期所建的佛教寺院

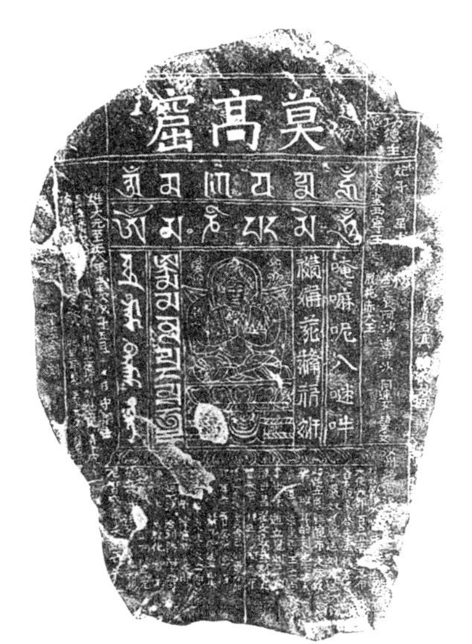

敦煌莫高窟 6 种文字石刻碑

石碑上用梵文、藏文、汉文、八思巴文、回鹘文和西夏文 6 种文字，雕刻了佛家六字真言“唵、嘛、呢、叭、咪、吽”

松赞庙

西藏山南地区琼结县松赞干布墓顶的松赞庙，内供松赞干布、文成公主、赤尊公主和大臣禄东赞、吞米、桑布扎等雕像

力推崇，西域回鹘佛教由汉传佛教转向以藏传佛教为主。元朝时期的大多数回鹘人也随之成了藏传佛教的信徒，新疆回鹘藏传佛教在元代更达到了鼎盛，其高僧显耀于元廷，地位与西藏喇嘛高僧不相上下。

藏传佛教重视修庙立塔，雕塑佛像。佛寺早先是以蒙古包的形式出现的。新疆现存的土石、土木结构的藏传佛教寺院大都是清光绪前后所修建，如昭苏的圣佑庙、乌苏的普庆寺、巴音郭楞蒙古自治州和静县的巴仑台庙等。

明清时期的新疆藏传佛教

元朝灭亡之后，西域藏传佛教仍很盛行。明初，在吉木萨尔、吐鲁番、哈密等地生活的汉人、高昌回鹘人和瓦剌蒙古支系哈剌灰人都信仰藏传佛教。

明清时期，延续蒙元时期的做法，对于藏传佛教采取扶持政策。明成祖时候首次对西藏各教派首领普遍封王，实行“多封众建”。明代在广泛分封之外，还大幅度提高了对僧人的分封规格，分封藏地各教派的高僧为法王、教王、国师等。

明代藏传佛教格鲁派在西藏的影响日益扩大，到了清朝统治之初，对于藏传佛教格鲁派采取了结交和支持的态度，与格鲁派的领袖达赖和班禅都保持了良好往来，并且确定了灵童转世的金瓶掣签制度。

明朝时期，西域地区并没有直接归明朝中央政权管辖，而在蒙古族的统治之下。1368 年，元朝败于明朝军队之后，退回蒙古高原，明末清初，瓦剌蒙古以卫拉特蒙古的名称崛起于我国西北，即我国新疆蒙古。瓦剌蒙古控制西域期间，藏传佛教在天山北麓得到进一步发展。

15 世纪后期到 16 世纪前半期，藏传佛教在新疆卫拉特蒙古地区

《平定准噶尔图卷》（局部）

此图描绘的是乾隆二十年（1755）清军在各族人民的支持下进军伊犁，平定准噶尔贵族达瓦齐叛乱的情景

传布十分广泛。藏传佛教格鲁派渐次传入东西蒙古各部。16世纪，东蒙古土默特部的俺答汗，将瓦剌势力驱出杭爱山之南，又进兵青海与瓦剌角逐，瓦剌的活动中心移到天山北麓与西麓。明万历六年（1578），格鲁派的索南嘉措应邀抵达俺答汗在青海的驻地。俺答汗皈依藏传佛教，成了护法王，并授予索南嘉措为“圣识一切瓦齐尔达赖喇嘛”之号，达赖之名，就是由此时开始。这一事件标志着蒙古开始接受藏传佛教格鲁派，在蒙藏佛教史上产生了巨大影响。在三世达赖喇嘛索南嘉措的指定下，俺答汗的孙子云丹嘉措成为四世达赖喇嘛。从此，藏传佛教在内外蒙古的传播都非常兴盛。

明代末年，瓦剌蒙古形成准噶尔、杜尔伯特、和硕特、土尔扈特四部，清代史籍中统称之为四额鲁特、四厄鲁特或四卫拉特。

土尔扈特蒙古是西蒙古卫拉特四部之一，是一个古老的部落。卫拉特蒙古诸部在准噶尔汗国形成前，即土尔扈特蒙古首领之一赛尼特尼斯墨尔根特木纳时期，在 1585 年与藏传佛教有了接触，1610 年，土尔扈特部的赛尼特尼斯墨尔根特木纳提起信奉藏传佛教，他向四卫拉特盟主、和硕特部的贵族，提出信奉藏传佛教的建议。到了 16 世纪末 17 世纪初，土尔扈特蒙古正式信仰藏传佛教格鲁派。1630 年，土尔扈特蒙古完成跨洲大迁徙，到达其目的地伏尔加河草原，到 1771 年又回归到故土西域伊犁。在这 140 多年间，土尔扈特蒙古经历七代汗王的努力，前后数十次从西藏迎请许多藏传佛教名僧大德来伏尔加河地区，弘扬佛法、翻译佛经、建立寺庙。藏传佛教在伏尔加河土尔扈特蒙古

《西域画册——土尔扈特风情》（局部）

《西域画册》是甘肃知县福曾三次出使西域描绘的画册，画册描绘了新疆少数民族生活的状况。此画描绘了土尔扈特的游牧生活

地区得到进一步发展，喇嘛僧人数大增，寺庙规模宏大，名师高僧辈出。

而新疆卫拉特蒙古最初皈依藏传佛教，是在17世纪初，由喀尔喀蒙古传入。在喀尔喀乌巴什珲台吉时邀请格鲁派活佛哲布尊丹巴呼图克图来到蒙古，从此蒙古人开始皈依藏传佛教。16世纪末17世纪初，整个漠南、漠北、漠西蒙古陆续皈依藏传佛教格鲁派，使格鲁派势力日益大增。当时西藏地方势力和其他教派反对格鲁派的呼声也日益高涨。卫拉特蒙古联盟决定派军队前去支援格鲁派，因此，从1612年到1642年间，蒙藏封建主围绕藏传佛教格鲁派与噶玛噶举派之间的争端，在青藏高原彼此之间进行了一场规模空前的流血战争。最终以格鲁派的胜利、噶玛噶举派的失败而结束。

1640年，厄鲁特、喀尔喀的3位呼图克图和27位世俗封建首领在塔尔巴哈台（今新疆塔城）会盟，制定了具有历史意义的《一六四〇年蒙古卫拉特法典》。《法典》涉及政治、军事、经济、文化、宗教、社会习俗等各个方面，内容相当丰富，明确宣布藏传佛教格鲁派为蒙古各部共同信仰的宗教，赋予藏传佛教格鲁派僧侣以种种特权，保护喇嘛财产，禁止藏传佛教格鲁派以外的藏传佛教各教派及萨满教传播。

此后，在不到30年的时间里，藏传佛教已成为卫拉特蒙古的统治宗教。卫拉特蒙古首领取代东蒙古成为藏传佛教的护法王。

17世纪，在卫拉特蒙古诸部世俗政权和札雅班第达等高僧的支持下，藏传佛教在新疆卫拉特蒙古地区发展迅速。准噶尔卫拉特蒙古首领巴图尔珲台吉与和硕特蒙古阿巴赖台吉分别在和布克赛尔、额尔齐斯河建立了两座藏传佛教寺庙。在巴图尔珲台吉之子僧格执政期间，藏传佛教在准噶尔卫拉特蒙古地区得到进一步发展。当时从西藏格鲁派甘丹寺、哲蚌寺、色拉寺等三大寺前来准噶尔卫拉特蒙古地区传教译经、从事医学治疗的高僧大德络绎不绝。

格鲁派是在蒙古地区流传最广的藏传佛教教派，并形成了格鲁派在蒙古的两大活佛转世系统。内蒙古的章嘉呼图克图是格鲁派著名的活佛，二世章嘉呼图克图阿旺罗布桑曲丹，生于青海湟中县达曲格村，与格鲁派祖师宗喀巴同乡，先被康熙封为札萨克达喇嘛，掌管理藩院印务处，后经四世班禅额尔德尼认定为一世章嘉活佛转世灵童，封为章嘉呼图克图，送到佑宁寺坐床。康熙四十四年（1705），被康熙封为“灌顶普善广慈章嘉呼图克图大国师”，自此，章嘉呼图克图累世相继，

宗喀巴生平传刺绣唐卡

西藏博物馆藏的18世纪的宗喀巴生平传刺绣唐卡。宗喀巴（1357～1419），藏传佛教格鲁派创始人，西藏佛教史上著名的宗教改革家和佛学大师

总领内蒙古及青海蒙旗的藏传佛教事务。

外蒙古（今蒙古国）的活佛哲布尊丹巴原属觉囊派。17 世纪初，觉囊派僧人多罗那他到库伦（乌兰巴托）传法近 20 年，被尊称为哲布尊丹巴，1634 年去世。第二年，喀尔喀部土谢图汗衮布多尔济的儿子扎那巴扎尔被认定为多罗那他转世，即哲布尊丹巴一世。后在进藏学习中改宗格鲁派，五世达赖给予他“哲布尊丹巴呼图克图”的尊号，住乌尔根庙，奉为法王，地位仅次于达赖和班禅，此后这一尊号成为喀尔喀喇嘛教中最神圣的称谓。由此形成格鲁派在外蒙古的活佛转世系统。

佛教在新疆流传长达 2000 多年，至今，在新疆的 1400 多万各族人民中，尽管信仰伊斯兰教的人占大多数，但是，佛教仍为新疆蒙古族、汉族、锡伯族、满族、达斡尔族等民族部分群众所信奉。

三 巧夺天工焕异彩

——佛教艺术

佛教在西域的传播，对西域当地石窟、壁画、绘画、音乐、舞蹈等文化艺术形式产生了深远影响。即便是佛教自身在西域走向衰落之后，这些佛教艺术留存依然在西域散发出独特的魅力，成为过往辉煌的印记。

1. 缤纷塑佛国

——西域佛教艺术概述

西域的佛教曾经盛极一时，并且得到诸国君主和王权的支持，而在佛教大发展的时候，传教最简便快捷的方式就是建寺、造像。因此，佛教艺术作为一种能帮助佛教为广大民众所能接受的形式，在西域得到了充分的发展。

西域的佛教艺术具有自己的特点

一是具有中西合璧的特色。早期西域诸国佛教艺术的直接源头是邻近西域的犍陀罗，犍陀罗是贵霜王国的中心地区，文化艺术极为兴盛，因其地处印度与中亚、西亚交通的枢纽，受到希腊文化的影响较大，因而产生了融合印度与希腊的特色艺术，称为犍陀罗艺术。犍陀罗佛教艺术特点非常鲜明，包容了古希腊、罗马美术的不少造型因素。犍陀罗佛教艺术作为希腊艺术的支派，其传播越过葱岭，沿着丝绸之路进入中国内地。在西域库车南方石洞的壁画和佛像就明显带有犍陀

犍陀罗博物馆
位于巴基斯坦白沙瓦

罗风格；鄯善米兰佛寺壁画上就绘有具有古希腊罗马特征的有翼天使；中国境内云冈、龙门、敦煌等地的石刻与壁画也同样受到犍陀罗艺术的影响；犍陀罗式佛塔也经中亚传入我国，和我国固有的楼阁形式结合，形成常见的多层宝塔。

二是多种宗教艺术色彩融合。由于当地宗教信仰的多元化存在，除佛教之外在西域各地还流行着婆罗门教、摩尼教、祆教、景教，不同的宗教与各自的文化背景紧密相连，西域大地一度成为汉文化、印度文化、波斯文化、希腊罗马文化，以及游牧文化的交汇之地。虽然，宋代以前，其他宗教在西域诸地与佛教相比势力较弱，但这些宗教文化艺术不同程度地影响了佛教艺术的发展，加上之后伊斯兰教与佛教的长期对峙，使得西域佛教艺术具有了多种浓厚色彩。比如高昌遗址、伯孜克里克石窟、吐峪沟等佛教遗迹中发现的地藏菩萨像、十王图或

犍陀罗出土：维修完达拉王子的布施

今巴基斯坦甘达拉即犍陀罗出土。《阇陀伽》第 547 卷载：释尊前生为维修完达拉王子时，因为要将具有降雨能力的国宝神象赠予邻国而连同家族一起被放逐。他在放逐之时，只要有人向他乞求财宝或马车，他便一并给予

地狱图等，不但在表现的主题上与摩尼教的冥府思想密切关联，而且在绘画的布局和印象上也与摩尼教的冥府图酷似。

三是西域佛教艺术发展规模庞大，影响区域广大。在佛教兴盛的时代，宏伟壮观的绿洲寺塔、摩崖佛窟遍布天山南北，形貌各异的寺窟、雕塑、壁画，更是在西域随处可见，比如在交河古城等地都可以看见佛寺的遗址。仅从石窟上来说，新疆各地都有千佛洞：库车县城西南约 30 公里的的库木吐拉千佛洞有 112 个洞窟；克孜尕哈千佛洞有 47 个洞窟；吐鲁番的柏孜克里克千佛洞有 83 个洞窟，其中有 40 多个洞窟保存有壁画。这样密集的分布和规模在全国都是绝无仅有的。

可以说，这些极富特色的西域佛教艺术，从石窟的开凿、寺庙的建立，到音乐舞蹈、绘画雕塑等，在许多方面都对中国汉地佛教、藏传佛教产生了巨大影响。

西域佛画

新疆出土的魏晋早期西域佛画：有翼天人

小知识◎犍陀罗艺术风格

犍陀罗艺术的主要贡献在于佛像的创造上，佛教在公元前 6 世纪末兴起后，由于佛陀本人反对偶像崇拜，数百年间都没有佛像的刻画，凡是遇到需要刻画佛陀本人形象的地方，都用脚印、宝座、菩提树、佛塔等象征。到 11 世纪后，随着大乘佛教的流行，信徒崇拜佛像逐渐形成风气，才开始有佛像的创作。在犍陀罗地区，佛像的制作较多地吸收了希腊式雕像和浮雕的风格，将印度佛教的内容与希腊、罗马的雕刻艺术结合起来。犍陀罗风格的佛像多表现为佛陀穿通肩式披衣，衣褶起伏较大，具有很强的立体感，衣纹走向从右上往下倾斜，头发呈水波状或涡卷状，凹目高鼻，嘴边留有两撇上翘的小胡须；菩萨的塑像则表现为形体健壮，身材粗短，姿态有力。佛、菩萨像大多有同心圆形背光。5世纪，匈奴人入侵犍陀罗，之后犍陀罗地区又遭遇到伊斯兰化的影响，犍陀罗艺术逐渐被历史尘封，而只留下许多遗迹。

2. 丝路有明珠
——西域石窟艺术

由于佛教一度极为兴盛，而且在西域开凿了众多石窟，尤其是丝绸之路的南线留存有不少佛教石窟寺塔遗址，如同镶嵌在西域土地上的明珠，为佛教东传起到了重要作用。

西域石窟艺术

公元前后佛教传入西域，石窟开凿的起始时间大约在 3 世纪左右。天山南路的石窟主要分布在自喀什向东的塔克拉玛干北路沿线上，由西向东依次为疏勒、龟兹、焉耆和高昌四个区域，而在河西走廊附近的敦煌一带的石窟开凿也颇具规模。

现存石窟从艺术风格上来说可划分为四种：

一是印度风格。在印度，石窟最早是因禅修和住宿需要而出现的，作为单一的僧房，开始时只是一处容纳一两名僧人的小型场所，后来逐渐扩大成为僧侣们聚集之地，规模也随之扩大。佛教石窟最初应该是由茅舍、草庵发展而来，后来作为综合性的佛教活动场所，可说是佛教寺院的缩影，因此，在古代印度，石窟和石窟的建筑形制，都是来源于佛教寺院。印度石窟的建筑形制可分为“支提窟”和“毗诃罗窟”两种。“支提窟”为供僧徒礼佛观像和讲经说法而建，建筑规模一般比较大；“毗诃罗窟”则为供僧徒居住和坐禅而建。

二是龟兹风格。龟兹风格的石窟具有新疆当地的特点，以克孜尔石窟为典型代表，以塔庙窟、大像窟和侧道式僧房窟多见，壁画题材多为反映小乘性质的本生、佛传和因缘故事，此类石窟出现时代最早，对河西和中原地区开窟造像的出现产生了直接的影响。

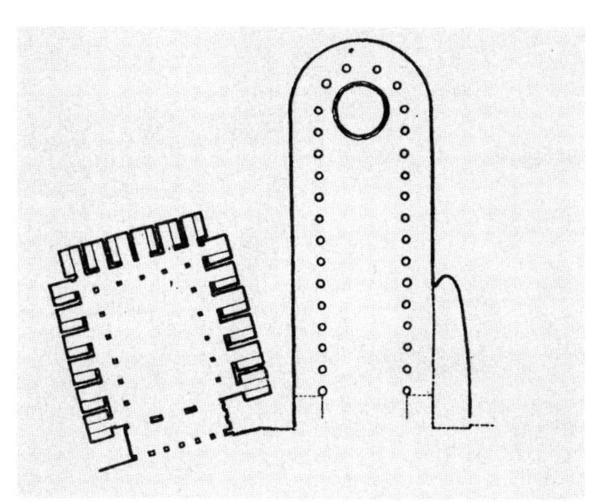

印度支提窟与毗诃罗窟

图中左边方形的是毗诃罗窟，其特点是方形大厅之三方，建筑并排的小房间；图中右边的是支提窟，其特点是窟平面呈狭长的马蹄形，窟内环绕四壁雕刻列柱

三是汉地风格。这是中国内地的艺术形式的表现，具有代表性的是库木吐拉石窟及阿艾石窟。这批洞窟的时代晚于龟兹风格的石窟，是唐代前后佛教在中原地区发展成熟以后，大批汉人和汉僧来到西域居住而带来的内地佛教艺术形式。早期洞窟的建筑形式来源于印度的民间建筑和宫廷建筑，传入中国后，又与中国的传统建筑相结合，中国的传统建筑是各种形式的木构建筑，直接影响和应用于石窟建筑方面的表现就是大量的木构窟檐。

四是回鹘风格。9 世纪中叶，高昌回鹘建立后，回迁的回鹘人也

新疆柏孜克里克千佛洞

又叫宁戎窟寺，新疆较大的佛教石窟寺遗址之一，是吐鲁番现存石窟中洞窟最多、壁画内容最丰富的石窟群。其第 17 窟中反映“地狱变”的壁画，酷似摩尼教冥府图，为全国罕见

带来了新的佛教艺术风格，代表是吐鲁番柏孜克里克石窟。由于回鹘佛教深受唐代佛教影响，因此回鹘风格石窟与汉地风格窟有许多相同的地方，但在洞窟的建筑形式、壁画的色调及供养人面容、服饰等方面又都显示出本民族所独具的艺术风格。

各种洞窟按不同使用功能开凿在山体旁侧的崖面上，可以被视为特殊形式的佛教寺院，也被称为石窟寺。现存的新疆洞窟和敦煌洞窟中，有禅窟、殿堂窟、塔庙窟、穹隆顶窟、影窟等多种洞窟，包括中心塔柱式、禅定式、覆斗式、背屏式等形制。

敦煌地区石窟

河西的敦煌地区从开凿第一个洞窟开始，各朝代陆续都有石窟开凿，逐渐形成了包括莫高窟、西千佛洞和榆林窟在内的敦煌地区的石窟群。

敦煌地处玉门砾岩带，其地理条件虽然不易自然崩坏，但也不适合雕刻，因此，敦煌地区的艺术巧匠融合周、汉的壁画技术与传统泥塑及夹纻塑法，形成了风格特殊的“绘塑合一”的综合艺术。各洞窟中以塑造佛像为主，天花藻井及四壁则绘满五彩缤纷的绘画，绘画作为塑像的延续，立体地展现出佛国艺术的魅力。

位于鸣沙山东麓的石窟群莫高窟在敦煌石窟中规模最大，影响最深远，是举世闻名的艺术宝库。莫高窟位于敦煌市东南 25 公里处，开凿在鸣沙山东麓断崖上。前秦苻坚建元二年（366），出家僧人乐尊来到了敦煌，开凿了第一个石窟，之后来敦煌开凿石窟的人日益增多，至初唐时已达“千有余龛”。

莫高窟自 4 世纪开凿，到 16 世纪不再增凿，经历了 12 个世纪，南北长约 1600 多米，保存至今的有 492 窟，洞内的壁画总共有 45000 多平方米，彩塑 2400 余尊。开凿的洞窟，最大的高达 40 米，小的高不及 1 米。各洞窟的形式，从早期附有修行小龛的形制渐转变为中央塔式、中心柱式、中央佛坛式等。

莫高窟洞内造像大都是泥质彩绘，有单身也有群像，分圆塑、浮塑、影塑、善业塑等，多为一佛二菩萨的三身组合，还有阿难、迦叶、十大弟子及罗汉、天王、金刚、力士等。这些造像最高的有 33 米，小的不过 10 厘米。北魏前期的人物造型朴拙，面相肢体丰腴，神态恬静淡然，菩萨造像的衣冠服饰，保留有西域和印度的风尚；北魏晚期则转变为

莫高窟第 419 窟主佛龛

隋代建造的这座石窟，虽在塑像上没有太大成就，但其壁画题材之丰富，却可见后世流行的趋势

清秀飘逸的形象。隋唐以来，出现了 7 至 9 身彩塑的群像，艺术风格又趋向雍容华丽。

西千佛洞开凿在党河崖壁的北侧，北朝晚期开始兴建，以后历代都有兴修，因地处莫高窟之西而得名。现存洞窟 16 个，大都为北魏时所开凿，里面 1 ～ 3 窟为唐窟，4 ～ 8 窟为魏窟，16 窟为晚唐窟，这 9 个洞窟保存较好，中央大多有中心座，座四周凿龛，内塑佛像，四壁多绘贤劫千佛、佛趺坐说法图、佛涅槃像。中心座和四壁的佛像下，绘金刚、力士像。石窟的结构、彩塑、壁画艺术风格等与莫高窟体系相近。

安西榆林窟位于安西县城南 68 公里处的高山峡谷中，因其河谷中遍生榆树而得名。榆林窟始建于北魏，现存 42 个洞窟，东崖 32 窟，西崖 10 窟，历经唐、五代、宋、西夏、元、清各代建造和重修，塑像 272 身，壁画佛神像近万幅。榆林窟和西千佛洞类似，同莫高窟在内容、艺术风格、绘画形式方面一脉相承，都被视为敦煌石窟的重要代表。

龟兹石窟

由于龟兹曾是西域地区小乘佛教的中心，因此，龟兹地区各石窟反映出以小乘佛教为主的传统，现在的库车即原龟兹地区现存的石窟包括克孜尔千佛洞、库木吐拉千佛洞、森木撒姆千佛洞、玛扎伯哈千佛洞、阿艾石窟等。

克孜尔千佛洞位于新疆拜城县克孜尔镇东南 7 公里的悬崖上，开凿于 3 世纪的东汉后期，是我国开凿最早的石窟，并延续到唐末，现存石窟主要是 4 世纪至 8 世纪的遗存，可大致分为早、中、晚三期，是龟兹石窟的典型代表，也是汉唐时期西域佛教文化中心之一。克孜尔石窟规模宏大，沿崖体走势依次划分为谷西区、谷内区、谷东区和后山区 4 个石窟区，现已正式编号的石窟有 236 个。克孜尔石窟类型大致可分为支提窟、讲经窟、毗诃罗窟、仓库窟等 6 种类型。克孜尔千佛洞石窟的壁画色彩明亮，形式多样，风格各异。壁画中的人物姿态从容舒展，比例匀称，面相丰腴，体现了相当高的雕刻、绘画水平。

库木吐拉石窟群位于库车西南大约 30 公里的渭干河流出确尔达格山口处的东岸断崖上，已编号的洞窟共 112 个。早期的石窟大约凿于两晋至南北朝，盛唐以后，库木吐拉石窟进入繁荣期。在龟兹石窟艺术中，库木吐拉石窟艺术与中原艺术风格最接近。洞窟形制与克孜

新疆库木吐拉千佛洞洞窟内的壁画

库木吐拉石窟群位于库车西南的断崖上，是古代龟兹石窟的典型代表

新疆库车克孜尔尕哈石窟

克孜尔尕哈石窟是距古代龟兹国都城最近的一处石窟寺，属于国家寺院，是龟兹石窟的重要组成部分，也是丝绸之路上一处重要的佛教文化遗址

尔石窟基本相同，窟形完整的约有 60 个左右，多为支提窟中的中心柱窟和方窟，毗诃罗窟较少。石窟在内容和风格上与中原佛教艺术相近，出现了“西方净土”、“东方药师”等大型经变故事画，形象生动、造型优美。

克孜尔尕哈石窟位于库车县城西北 13 公里处，为唐代遗址。已编号洞窟有 47 个，保存较完整的洞窟有 38 个，其中 19 个为支提窟，19 个为毗诃罗窟，有壁画的洞窟有 11 个。窟中壁画多为佛本生故事像。较为特殊的是第 24 号窟，为七角形平面，正中有中心柱，左右开甬道，后壁有隧道，且又是平顶的支提窟，此种形式为其他窟群所罕见，壁画龟兹风格较浓。

森木撒姆石窟群是古龟兹国东境最大的佛教寺院区，位于库车城东北约40公里的库鲁克达格山口，中间有细水流出，石窟就开凿在南北两岸的石壁上，现存有编号的石窟达到52个，能看出窟形的39个，其中中心塔柱窟22个，其余是殿式窟和复合式窟，保存壁画的窟有20个。巨型窟、殿式窟都是两晋时期开凿。这里的石窟群还有两座巨型石窟，编号为11、43号窟。其中11号窟内原有的大立佛像高达15米左右。此外，在南北窟群中间的山丘平台上有较大的寺庙建筑遗址。

玛扎伯哈千佛洞位于新疆维吾尔自治区库车县城东北约30公里的玛扎伯哈村西南山坡上，始建于隋唐时期。玛扎伯哈千佛洞有洞窟34个，分布在西、中、东三区，较完整的支提窟只有4个，尚保存有壁画。此外，还有长近10米的长条形储藏室或洞窟。

阿艾石窟位于库车县阿艾乡依地克村东北部，目前只发现一处洞窟。洞窟开凿在天山支脉克利亚山的西侧崖壁上，形制为方形纵券顶窟，是龟兹石窟中较为常见的一种窟形。洞窟中央尚残存有坛基，可能是供信徒礼佛、拜佛的场所。洞窟内现存壁画约15平方米，主要集中在北壁、西壁及券顶西侧。东、西侧壁残存立佛或菩萨像。洞窟的开凿形制具有典型的龟兹本地风格，而壁画内容采用的却是中原佛教艺术常见的题材和表现形式。阿艾石窟正是这一时期龟兹地区东西文化交流的见证。

可见，龟兹地区的石窟数量众多，其中以克孜尔千佛洞最为著名，此外，还有属龟兹石窟中晚期阶段的玛扎巴赫石窟寺等。

高昌石窟

高昌也是佛教兴盛的故地，从南北朝隋唐时期的高昌国到回鹘西迁之后建立的高昌回鹘政权都崇信佛教。在曾经的高昌国领土内，分布着大大小小的佛像石窟不计其数，高昌石窟包括柏孜克里克石窟、吐峪沟石窟、雅尔湖百窟，胜金口石窟，以及七康湖石窟、科锡哈石窟、大桃儿沟石窟和小桃儿沟石窟等。在这些石窟中还绘制了众多佛教题材的精美壁画。

著名的柏孜克里克石窟，位于吐鲁番城东北约 50 公里处的木头沟西岸断崖上。这些石窟最早的开凿于 5 世纪，最晚的到 14 世纪，大约有 1000 多年的建造历史，其鼎盛时期是 10 ~ 11 世纪，当时高昌回鹘王国的统治者皈依了佛教，把原来的石窟扩建成王室寺院，并新开洞窟，保存至今的洞窟有 83 个，尚存壁画的石窟有 40 多个，保存壁画面积 1200 多平方米，主要是唐代及高昌回鹘时期的壁画。一些石窟采取了开凿石崖与土坯砌建并用的建筑形式，以横顶直洞为主，亦有中柱式洞、方形双套洞和圆顶方形洞，是高昌石窟寺中保存最好、内容最丰富的石窟寺群。

托乎拉克埃肯石窟位于新疆维吾尔自治区吐鲁番以东略偏北的火焰山峡谷木头沟中，开凿于南北朝末期至元朝。该石窟群中最早的洞窟，大约修建于麴氏高昌时期。直到 13 世纪，这里一直是吐鲁番地区的佛教圣地。在西州回鹘时候，这里成为回鹘国王的王家寺院，进入到发展最兴盛的时期，现存洞窟大多是当时扩建或改建的。现存已经编号的石窟有 77 个，其中尚存残余壁画有 40 余幅，壁画总面积约 1200 余平方米，是吐鲁番地区现存洞窟最多，建筑形式多样，壁画内容最丰富的一个石窟群。

吐峪沟石窟是在十六国北凉统治时期掀起开窟高潮的时候兴凿的，在随着沮渠北凉西迁高昌之后，吐峪沟成为了沮渠皇室在高昌的造像集中地。由于伊斯兰势力的扩张，到 15 世纪的时候，随着伊斯兰教进入东疆，吐峪沟的石窟艺术遭到了破坏。吐峪沟石窟现存洞窟 94

个，但 90% 以上都已毁坏，目前只有 8 个洞窟残存部分壁画。在新疆现存的佛教石窟遗址中，吐峪沟千佛洞石窟的规模居第三位。

其他地区主要石窟

除了上述古代龟兹和高昌地区石窟较多之外，还有焉耆的锡克沁石窟和喀什的三仙洞。

锡克沁石窟位于焉耆县七个星乡东南霍拉山东麓的山前地带，依山开凿，现存 12 窟。壁画大多剥落，现在只在个别窟内还有些缠枝连纹、蔓形纹等纹路。洞窟的形制主要有两种，一种为纵券顶单室窟，另一

三仙洞

新疆喀什的著名佛教洞窟，因为有三个石窟而得名

种是有前后二室的支提窟，前室是纵券顶，左右开通道，前室与后室间的中心柱是长方形，窟形与克孜尔千佛洞相似。而 1、2、3 号窟的中心柱窟顶图案与敦煌莫高窟晚唐五代、宋初的石窟形制相同。

喀什的三仙洞的窟址在新疆维吾尔自治区喀什北约 18 公里处，开凿于东汉末期，是古代疏勒地区仅存的一处佛教遗迹。东西排列三窟，三洞都分为前后两室，两室都是纵券顶式，后室较小，约为前室的一半。中间洞窟后室正中仅存一座石胎释迦牟尼坐像。西侧的石窟看起来像一座未竣工的洞窟。现在只有东窟还保存有珍贵壁画和藻井。洞壁四周画满大小不同的佛像，约有 70 幅。洞窟顶部藻井为莲花图案，四周各绘有高 50 厘米的坐佛。洞窟里有一尊坐佛，身披的袈裟，花色和图案都具有早期壁画的特点。

这些石窟作为西域佛教艺术的载体，在西域大地上焕发出美丽的色彩，至今吸引着诸多研究者的目光。

3. 笔墨如有神

——西域绘画艺术

西域地区的石窟开凿，带来了佛教雕刻的盛行，与此同时，佛教绘画艺术也得到了发展。西域佛教绘画主要表现在石窟里面的壁画上。

西域佛画

佛教在新疆的传播、兴盛造就了一大批本地画家、雕刻家和建筑师。早期西域绘画的代表是鄯善米兰佛寺绘画，米兰佛寺壁画以其绘于佛寺护壁上具有古希腊罗马特征的有翼天使而闻名。这些绘画体现了犍陀罗艺术的风格，人物形象和绘画技法，都表现出受到古希腊罗马艺术的影响。

于阗佛教绘画的早期风格与之接近，但是又具有自己的特点，比如佛像的脸部勾勒都是较粗的一道墨线，粗拙却不失弹性，在此后的于阗乃至整个新疆地区的佛教绘画遗存中，这种挺劲有力的线条构成了西域佛教绘画的最基本元素。从这些佛像的面容可以看出，其与米兰佛寺上绘制的呈现出希腊罗马特征的佛陀面貌相差很大，更多的与中原佛容相似。

于阗佛画通过逐渐被改造甚至淡化的凹凸技法和不断加强的线条造型功能的结合，实现了绘画技法上的创新。于阗的绘画并不特别追求印度式的凹凸感，而是强化了线描的造型功能，正是通过于阗绘画的改造，才完成了从西域梵画到汉地佛画的过渡。

汉、唐时期，由于西域艺术的发达，中央王朝把和田、喀什、库车、吐鲁番、哈密、吉木萨尔等地的一批佛教大师、画家、工程师、音乐家都邀请到京城予以重用。而到了唐朝时候，由于李唐王朝是一个对外完全开放的国度，因而它对于西域文化以及乐舞的汲取达到了最为强劲的程度。在这种历史背景下，西域各国的人众大批来到中原，尤其集中在长安城里，其结果是带来长安社会生活和风俗时尚各个方面的胡化，无论服饰、饮食、宫室、乐舞、绘画，都沾染了西域的色彩，甚至连长安京城的建设规制都受到影响而与周秦以来的制度完全不同。

虽然西域佛画样式早在北齐时就已在中原造成一定的影响，但是真正确立西域绘画在中原画坛的地位，进而影响到中原画风，则是由隋唐之际进入中原的于阗画家尉迟跋质那和尉迟乙僧父子二人完成的。于阗画家尉迟父子获得了专画皇宫壁画的荣誉，并成为中国许多古典名画的创作大师。

尉迟乙僧画法的特点，一是善于运用“凹凸画法”，即用色彩的晕染和着色的厚重，使画面具有立体感；二是“用笔紧劲，如屈铁盘丝”，线条的力度均匀而富有弹性，如同弯曲的铁丝，刚中有柔。这种绘画技巧，具有明显的西域绘画艺术的风格，传入中原之后，又得到了进一步的发展提高，被包括画圣吴道子在内的许多中原画家吸收。

不过，于阗佛画的价值不仅仅限于对中原绘画的影响，在长达千年的佛教历史中，于阗佛画呈现出了多样的面貌和高超的技艺。古代于阗佛教绘画的风格以铁线为主，同时一些富于粗细变化的线描也开始与铁线相济为用，这就使画师在绘制一些细微之处，比如五官、手姿、身姿、关节的变化转折处时，更加自如，形象也显得更为自然。

西域壁画

虽然于阗的佛画对中原影响较大，但在西域的石窟壁画中，最著名的还是龟兹和高昌的壁画，这是与石窟的开凿联系在一起的。在西域各地的石窟中，都有不同风格和不同内容的壁画呈现，著名的石窟

壁画：《涅槃经变》中的凤鸟

唐代初期壁画。出自甘肃敦煌莫高窟（千佛洞）第 332 窟南壁西部

是“无壁不图”、“无图不妙”的。

龟兹石窟的建筑形制和壁画艺术是以龟兹本地土著文化为主体，又吸取了中原艺术、印度艺术和希腊艺术等多种外来文化成分，创造出具有“龟兹样式”的艺术风格。

此外，龟兹石窟壁画艺术虽然宣扬佛教内容，但画匠们却巧妙地把现实生活融入画内，使内容世俗化。菱格画是“龟兹艺术模式”之一，这一模式在森木撒姆石窟壁画中表现明显，森木撒姆石窟的晚唐时期的壁画《菱格因缘故事》，在一个菱格中绘佛本生故事，具有鲜明的特色。龟兹壁画产生出平面艺术表现与立体艺术表现交织在一起的两大体系，使适合洞窟结构的菱形构图出现了丰富的表现形式，形成了龟兹壁画具有浓郁民族性的特殊图式。

龟兹壁画线条流畅、粗细一致，用极有表现力度的铁线描法勾勒出佛的形象，服饰以及莲花等二方连续图案，基本上以铁线描法勾勒造型。以矿物质的赭石色晕染佛的各个部位，深处加以墨色，并分出深浅、浓淡，反映出对墨色较早的认识。

高昌壁画中既保留了原有的佛教艺术，又吸收了来自中原、龟兹地区及摩尼教绘画的特点，加上后来回鹘的传统文化，构成了高昌佛教文化的一部分。除了对中原、印度、波斯等多元文化的学习与借鉴之外，高昌回鹘佛教壁画有着自己独特的审美特征。在人物的形象塑造上，既没有克孜尔龟兹风格石窟中众多裸体人物和“一波三折”式的诱人体态，也没有中原追求的清秀飘逸的形象。与新疆地区开凿于魏晋南北朝至隋唐时期的石窟相比，人物动势减弱，不再依靠动态来传神。立佛和供养人几乎都处于静止状态，稳重而安静。

同时，高昌壁画尽量使所绘人物各具面貌特征，从中我们可以辨认出不同民族、不同人种的供养人像，有叙利亚人、吐火罗人、波斯人、印度人等。而从表现技法看，壁画绘制者在裸露的肌肤处运用了晕染技巧，但其晕染的明暗、色彩对比与此前的石窟相比已经明显减弱。壁画绘制者运用线条的能力和技巧也显著提高，加强了线条在绘画中的作用，在人物的头饰、服装以及背景处大量运用线条进行塑造，减弱了壁画的块面感。人物造型不再以几何图形组成，不再用圆圈和圆锥来塑造人体的大块体面结构。朴素豪放的粗线勾勒也已不见踪影，取而代之的是挺拔流畅、清晰细致、粗细匀称、切入形体的勾线。

在色彩上，高昌回鹘佛教壁画有自己的特色，它既与中原的简淡不同而追求富丽堂皇的效果，又不同于龟兹地区石窟中石青、石绿等

北魏壁画：《印度、西域风格的天宫乐伎》

出自甘肃敦煌莫高窟（万佛窟）第 435 窟北壁。左边乐手吹奏海螺，右边乐手拍打腰鼓

冷色和对比色的运用，大面积地使用回鹘人喜爱的赭、红、黄等鲜艳的暖色烘托气氛，许多壁画都用红色做背景，组成色调和谐的画面。

高昌回鹘佛教壁画大量采用流行于中原的经变题材，借鉴中原以线造型的手法，吸收唐代的审美情趣融入人物的造型，同时还延续了印度佛教艺术在衣饰上的表现效果，并追求波斯的装饰趣味，拥有较强的多元文化色彩。在人物的面容、体态和服饰的刻画上又带有明显的回鹘特征。

不管是高昌还是龟兹，西域地区的壁画内容极为丰富，不仅有表现佛教的“本生故事”、“佛传故事”、“因缘故事”等壁画，还有

唐代吴家样风格绘画：《维摩诘经变图》中的维摩诘

出自甘肃敦煌莫高窟（千佛洞）第103窟。吴家样，是唐代吴道子艺术风格的俗称

大量表现世俗生活情景的壁画。有的是描绘身着通肩式大衣的千佛以及西方净土，也有的是描绘地狱中的场景，还有穿草鞋踏莲花的立佛像。这些佛像的下面都绘制着精美的佛教故事，此外还有头着幞头长飘带的星宿图和佛涅槃像等。

除佛、菩萨等形象外，壁画题材还出现了经变画，如“西方净土变”、“药师变”、“弥勒变”等，又有遍身画千佛和乾闼婆、紧那罗的释迦牟尼像。门内左右画出比丘及供养人像。还有许多窟是全窟顶画出密密的千佛像。这些画中的菩萨装饰一般是高高的发髻，戴小花冠，胸前着细缨络，上身披巾下垂，横于胸腹之间两道。这是唐代菩萨像的突出特点。一般供养人的衣衫、幞头和武士头上的雉尾，也都有唐代服饰的特点。

小知识◎于阗画家大小尉迟

尉迟乙僧出身于于阗王族尉迟氏，他的父亲尉迟跋质那是一位“善画外国及佛像”的画家，在隋朝时从于阗到洛阳作画，而名扬海内外，人称“大尉迟”。他的画作《六番图》、《外国宝树图》、《婆罗门图》、《鬼神》、《菩萨》、《净土经变》等都非常有名。尉迟乙僧从小向自己的父亲学习绘画，由于造诣渐深，被称为“小尉迟”。于阗国王将他推荐到唐朝，于贞观六年（632）来到长安，他的绘画才能在中原得到了充分的发挥。尉迟乙僧作画的题材多种多样，佛像、历史故事、民族人物和风俗，以及花鸟、动物，无所不包，但他最擅长画佛像和西域人物，所画的《千手眼大悲》、《花子钵曼殊》，即被当代人称赞为一时之绝妙，达到了精、绝、奇的佛画艺术境界。

尉迟乙僧还创作了大量的佛教壁画，他创作的特点是善于把宗教题材世俗化和现实生活情景、西域风俗相结合。他画的《西方净土变》、《降魔变》，意境、内涵都达到了相当的深度，给人以丰富的联想。他以西域民族人物和风俗为题材的绘画具有很大的现实性。在人物画中，从肖像画的角度，如《胡僧图》、《外国人物图》等，正面刻画他们的面貌及其服饰，描绘他们的表情与性格特征。风俗图如《龟兹舞女图》、《天王图》、《番君图》等，生动地描绘了西域各民族的风俗特点。尉迟乙僧一生从事绘画 70 余年，是当时最富盛名的画家，他既保持了于阗绘画艺术的特点，又吸收了中原绘画的艺术风格，使唐代绘画艺术更具鲜明的唐风特色。他的绘画技巧甚至影响到了高丽（朝鲜）、日本等国。

◎佛教的经变故事

经变是指将抽象的佛经文字内容绘制成具体的图画，也称为变相。绘制经变图可以将佛教教义转化成容易看懂的图画来呈现，更有利于被广大民众所接受。经变的取材多与当时流传的佛教思想有关。如南北朝时代的经变多采自小乘经典，宣扬自我牺牲的精神，呈现朴拙的风格，内容以本生经变相、佛传故事居多；隋唐以后，大乘思想盛行，诸师更创新义、立新派，其内容富变化，在隋代作为佛经“变相”的经变画的内容开始丰富，结构也趋向宏伟；到了唐代，就发展演变而为中国式的大型经变。经变画中最常见的是净土宗的三大经变，即东方净土变（又称药师经变）、西方净土变（又称阿弥陀经变）、天上净土变（又称弥勒经变）。这三大经变都是进入唐代净土宗佛教流行后才出现的。在西域的壁画里有很多经变图，如莫高窟的《劳度叉斗圣变》、《东方净土变》等。

《维摩经变相图》

五代（10 世纪中期）作品，纸本设色，横 30.7 厘米、纵 73.2 厘米，出自甘肃敦煌石窟藏经洞（第 17 窟）。画中踞床上者为文殊菩萨

4. 胡旋步生莲

——西域佛教音乐舞蹈艺术

西域各民族原本就能歌善舞，在佛教传入以后，受到佛教影响，西域的音乐舞蹈进一步发展，佛教音乐舞蹈成为了各地普遍流行的乐舞形式，并且与民间世俗歌舞娱乐相结合，形成了西域独特的音乐舞蹈艺术。

西域梵呗

印度作为世界上的四大文明古国之一，有悠久的艺术发展历史，音乐舞蹈是印度人的传统娱乐形式。印度著名的《梨俱吠陀》就是一部赞歌集。

佛教在产生之后，对音乐艺术给予高度的重视。佛有“三十二相”，在三十二相里就有一相为“梵声相”，因此，在信仰佛教的国家，诵经赞佛音乐活动往往成为举国的仪礼。

被称为梵呗的佛教音乐形式，就来自印度。梵，在印度语里是“清

隋代彩绘伎乐俑

此伎乐俑所演奏的乐器是排箫

净”的意思。呗，是“呗匿”的略称，意为赞颂或歌咏。梵呗，也叫赞呗、梵乐、梵音、念唱、佛曲、佛乐等，是佛教徒，确切地说是指出家人举行宗教仪式时在佛菩萨前歌诵、供养、止断、赞叹的颂歌。梵呗是中国佛教音乐的原声，属于印度五明之一的声明。

佛经翻译家如支谦、康僧会都是祖籍西域而生于汉地，深受汉地文化的影响，在他们的译籍里，不但文辞典雅，并且自由运用中土言辞，以表达佛教思想。他们都通于乐曲，并创作了歌咏经中故事的赞颂声调，他们结合当时中国民间音乐以及正统文学开创和初步形成了中国佛教音乐体系——中国梵呗。支谦依《无量寿经》和《中本起经》制作连句梵呗三契，康僧会也依《双卷泥洹》制泥洹梵呗一契。支谦、康僧会、竺法兰（一说为竺叔兰）各被奉为北、南两派赞呗的鼻祖。

史载康僧会曾制《菩萨连句梵呗》三契，又传《泥洹呗声》，清靡哀亮，被称为“一代模式”。

据说，中国汉语佛曲的发展是从曹操第三子陈思王曹植的鱼山梵呗开始的。曹植所创佛曲，也是在天竺佛曲的基础上创造的。因为单纯诵念经文烦冗而枯燥，时间长了容易致使听众疲倦，于是从六朝时期开始，中土佛僧尝试着用赞咏形式讲说一些佛教因缘、譬喻故事夹杂其间，以引起兴趣，惊醒听众，增加宣传效果，其方法是利用梵叹声调，或讲或唱，而形成了梵叹说唱。

之后又形成了宣讲佛经故事和世俗故事的说唱方式，被称之为“俗讲”。俗讲的形式多种多样，底本有变文、讲经文、押座文、缘起、话本以及歌、诗、词、赋等各种文体。可以说来自西域的梵叹说唱等佛教艺术进入中原地区后，逐渐流传播衍，对中国佛乐的产生和发展产生了重大影响，自身也发生变化和不断适应，而成为了中原文化的一部分。

北凉墓壁画：《伎乐图》

画面可见音乐、舞蹈、杂技共冶一炉，气氛热烈活跃，再现了凉州乐的演奏情景

佛教乐舞

古代印度崇尚歌舞，还创造出音乐舞蹈的神众，乾闼婆与紧那罗就是著名的乐神和歌神。在佛教中也将音乐舞蹈列为供养佛法的内容之中，成为佛教做功德的重要内容。之后的佛教艺术造型里吸收了印度神话的音乐舞蹈天神作为佛的护法神和胁侍者。乾闼婆与紧那罗也被列入佛教的“天龙八部”护法神，后来演变成人们喜爱的飞天、伎乐天。

壁画：《北门遇僧人》

北凉时期壁画。出自甘肃敦煌莫高窟（千佛洞）第 275 窟南壁。描绘太子（即释迦牟尼佛）出家前出游时，遇见一僧人，并与之问答，天空中幻化出一群伎乐天，预示太子将要出家修行成佛

西域诸国的音乐舞蹈艺术都很发达，对内地有很大影响。十六国时期的前秦国主苻坚，派吕光平龟兹，将一大批龟兹乐舞伎人带回中原，从此揭开了龟兹乐舞大规模东传的序幕。北周武帝曾娶突厥阿史那公主，随嫁而来的有一批龟兹音乐家，著名的有苏祇婆、白明达、白智通等。苏祇婆在中原传播了龟兹“五旦七声”乐律，对中国音乐的发展起到了历史性的作用。在北周、隋、唐宫廷乐部里，《龟兹乐》为西域诸乐部之首，在中原有巨大的声望。

此外，高昌地区音乐舞蹈艺术也很发达。《高昌乐》在唐宫廷乐部里也是重要的一部，但规模比《龟兹乐》要小些。《高昌乐》使用的乐器有：竖箜篌、曲项琵琶、五弦琵琶、排箫、觱篥、横笛、腰鼓、

绢画：《舞伎图》

唐代作品。1972 年吐鲁番市阿斯塔那 230 号墓出土，新疆维吾尔自治区博物馆藏

羯鼓、鸡娄鼓、答腊鼓和铜角等。

隋文帝时教坊机构设立七部乐，其中四部即天竺伎、安国伎、龟兹伎、文康伎都是西域乐舞。后来又增加了两部西域乐舞即康国伎和疏勒伎。

在龟兹壁画里也有很多场景是表现乐舞的，不仅有佛传故事里表现佛出家之前宫廷生活的歌舞场面，还有专门的向佛歌赞的供养壁画，其中最主要的是佛涅槃时的歌赞供养壁画，通常绘出大群飞天、伎乐天，场面壮观、气氛肃穆。

此外，伎乐图在高昌、龟兹的石窟壁画中占有很大比重，仅乐器就达 24 种之多。著名的克孜尔第 38 窟“天宫伎乐”是龟兹壁画乐舞场面的代表。高昌柏孜克里克石窟壁画，不仅有反映佛教寺院组成的乐舞团体，而且还有为国王宫廷演奏的乐队。唐代高昌地区乐舞形式多种多样，而且深入民间，广为流传。

龟兹乐舞在西域乃至整个唐朝具有特殊的地位，带有明显的宗教色彩，当时西域流行的佛教配乐舞蹈假面舞，共有 21 位乐舞伎，乐队由 8 人组成，前面是两个儿童抬一面大鼓，一位鼓手正舞槌击鼓，其后是弹竖箜篌者、弹凤首箜篌者、吹排箫者、击鞨鼓和鸡娄鼓者、吹铜角者。乐手们的装束完全是龟兹世俗男子的形象，舞蹈者和两个独舞者都头戴假面具，身着甲胄般的彩色服装。面具形象有披肩方巾的英俊武士、盔冠长须的威武将军、竖耳勾鼻的鹰头、浑脱尖帽的人面和戴兜状帽子的老者以及猴子等。

佛教乐舞和壁画中的乐舞场面反映的是人们想象中的佛国天堂的情景，使人们更容易受到佛的教化，而敬佛礼佛。

小知识◎三十二相

佛教所说的轮圣王及佛之应化身所具足的三十二种殊胜容貌与微妙形相，又作三十二大人相、三十二大丈夫相等，也略称大人相、四八相、大士相、大丈夫相等。与八十种好合称“相好”。其具体内容，诸经典的说法略有不同，依《大智度论》卷四，三十二相是：（一）足下安平立相，（二）足下两轮相，（三）长指相，（四）足跟广平相，（五）手足指缦网相，（六）手足柔软相，（七）足趺高满相，（八）腨骨如鹿王相，（九）正立手摩膝相，（十）阴马藏相，（十一）身广长等相，（十二）毛上向相，（十三）一孔一毛生相，（十四）金色相，（十五）丈光相，（十六）细薄皮相，（十七）七处隆满相，（十八）两腋下隆满相，（十九）上身如师子相，（二十）大直身相，（二十一）肩圆好相，（二十二）四十齿相，（二十三）齿齐相，（二十四）牙白相，（二十五）师子颊相，（二十六）味中得上味相，（二十七）（广长舌）大舌相，（二十八）梵声相，（二十九）真青眼相，（三十）牛眼睫相，（三十一）顶髻相，（三十二）白毫相。

◎佛教里的天龙八部

天龙八部是指包括天、龙、阿修罗、夜叉、迦楼罗、紧那罗、乾闼婆和摩睺罗伽在内的八类佛教护法，因为以天部和龙部为首领，所以统称为“天龙八部”。天龙八部是佛教重要的护法神，具体有：天众，即神 ；龙众，传说中掌管兴云布雨之神；夜叉，本为“勇健”之恶鬼，后被佛门降伏为护法小神；乾闼婆，侍奉帝释天的伎乐之神，是佛教中欢乐吉祥的象征，敦煌壁画中的飞天就是乾闼婆；阿修罗，为六道众生之一，有天神之能而无天神之福，因此常与帝释天争斗不休，争夺天界统治权；迦楼罗，即金翅鸟，奇大无比，以龙为食；紧那罗，歌神，也是专门演奏法乐的天神；摩睺罗伽，人身蛇首的大蟒神。其中的乾闼婆与紧那罗原本地位不高，开始时，佛教将其列在“鬼神部”，由于乾闼婆与紧那罗的作用突出，所以，后来随着佛教的发展，他们的地位也得到了提升。

图书在版编目（CIP）数据

丝路佛风：西域佛教史／熊江宁著．—郑州：中州古籍出版社，2016.2（2018.7 重印）
（华夏文库）
ISBN 978-7-5348-5095-0

Ⅰ．①丝… Ⅱ．①熊… Ⅲ．①西域－佛教史－研究
Ⅳ．B949.245

中国版本图书馆 CIP 数据核字（2014）第 279846 号

华夏文库·佛教书系
丝路佛风：西域佛教史

总 策 划　耿相新　郭孟良
项目统筹　单占生　萧　红（执行）
责任编辑　王建新
责任校对　苏晓园
美术编辑　王　歌
版式设计　曾晶晶
封面设计　新海岸设计中心
责任印制　刘新毅

出　版　中州古籍出版社
地址：河南省郑州市经五路 66 号
邮编：450002
电话：0371-65788693
经　销　新华书店
印　刷　天津兴湘印务有限公司
版　次　2016 年 2 月第 1 版
印　次　2018 年 7 月第 2 次印刷
开　本　960 毫米 ×640 毫米　1/16
印　张　8.5 印张
字　数　100 千字
定　价　38.00 元